Unser Brot

Gesund, schnell und einfach
mit der Gabelmethode

Angelika Kirchmaier

Unser Brot

Gesund, schnell und einfach mit der Gabelmethode

Fotografiert von
Thomas Trinkl

KNEIPP
VERLAG WIEN

LIEBE LESERINNEN, LIEBE LESER!

Lieben Sie auch den Duft von frisch gebackenem Brot aus dem eigenen Ofen? Bei mir weckt dieser Duft Kindheitserinnerungen. Meine 91-jährige Mutter ist eine exzellente Brotbäckerin und der betörende Duft ihres frisch gebackenen Brotes lockte schon früher alle Familienmitglieder aus allen Winkeln unseres Hauses hervor. Ein Brotlaib musste immer sofort verspeist werden. Am liebsten noch warm und mit einem Hauch frischer Butter.

Heute setzt sich der Trend zum Brotbacken wieder durch, vor allem auch der Trend zum Kleingebäck. Die Familiengrößen haben sich reduziert und so ist es einfach praktischer, statt eines großen Laibes kleine Brötchen zu backen. Deshalb habe ich die Rezepte in diesem Buch so gewählt, dass Sie die Mengen beliebig reduzieren, vervielfachen und auch die Brotform nach Bedarf wählen können. Ob Sie nun aus dem Teig einen Brotlaib, Kleingebäck oder Fladen backen wollen: Alles ist möglich.

In meinem Tiefkühler findet sich immer ein Sammelsurium an Kleingebäck, das schnell knusprig aufgebacken werden kann oder gleich in eine Jausenbox wandert. Begleitet von einer hausgemachten Suppe to go oder einem Salat – transportiert und serviert im Einmachglas – entsteht so im Handumdrehen eine gesunde Mittagsmahlzeit fürs Büro oder die Schule.

Das Gute am Selberbacken: Man weiß, was im Brot steckt, und kann sich vom Getreide bis zu den Gewürzen alles selber aussuchen. Ich empfehle, nur die Hochwertigsten zu verwenden. Dem gesunden Genuss steht so nichts mehr im Wege. Ich wünsche Ihnen gutes Gelingen und würde mich freuen, wenn das ein und andere Gebäck Einzug in Ihren Alltag hält.

Ihre Angelika Kirchmaier

Inhaltsverzeichnis

Hinweise und Tipps für ein gutes Gelingen

Die Rezepte in diesem Buch sind alle auf die von Angelika Kirchmaier entwickelte »Gabelmethode« abgestimmt. Sie funktionieren etwas anders als herkömmliche Brotrezepte. Wenn Sie das erste Mal mit der »Gabelmethode« arbeiten, empfiehlt es sich daher, die folgenden Seiten und das den jeweiligen Rezeptabschnitten vorangestellte »Back-Know-how« zu studieren. Auch geübte Bäckerinnen und Bäcker finden dort kreative Anregungen und Profitricks für gutes Gelingen.

Grundrezept Brotgewürz und individuelle Gewürzmischungen: → **Seite 11 bis 12**
Tipps und Tricks zum Backen mit Hefeteig: → **Seite 16 bis 30**
Tipps und Tricks zum Backen mit Backpulverteig: → **Seite 146 bis 147**
Wissenswertes für Nahrungsmittelallergiker und Diabetiker: → **Seite 163 bis 165**

DIESES WERKZEUG BENÖTIGEN SIE FÜR DIE ZUBEREITUNG DER TEIGE

Eine **Schüssel**

Eine **stabile Gabel** mit möglichst langen Zinken und aus einem Stück ohne aufgesetzten Griff, denn dieser könnte beim Rühren abbrechen. »Omas Gabeln« eignen sich zum Beispiel perfekt.

Eventuell eine **Teigkarte.** Sie ermöglicht das saubere Herausschaben des Teiges und erleichtert die Reinigung der Schüssel.

WARUM NUR VOLLKORNREZEPTE?

Vollkornbrot verwöhnt nicht nur Ihren Gaumen, sondern auch Ihre Gesundheit. Das Gebäck aus diesem Buch enthält deutlich mehr Mineralstoffe, Vitamine und bioaktive Substanzen, mehr verdauungsfördernde und immunstärkende Ballaststoffe und sogar weniger Kalorien als herkömmliches Gebäck aus Weißmehl – und das bei einem deutlich höheren Sättigungseffekt. Weißmehl liefert im Prinzip nur »leere« Kalorien.

Der »Nachteil«: Vollkornbrötchen sind keine optischen Highlights. Luftig aufgeblasenes Gebäck ist ohne künstliche Zusätze nicht möglich. Optische Perfektion versus Gesundheit: Mir fällt hier die Wahl leicht.

BIO IST BESSER

Bevorzugen Sie auf jeden Fall Biogetreide. Dieses wird nicht mit herkömmlichen Schädlingsbekämpfungsmitteln behandelt. Zudem schont der biologische Anbau die Umwelt. Sofern erhältlich, greifen Sie zu Getreide aus heimischer Landwirtschaft, die Biostandards sind hier garantiert. Mit dem Kauf lokaler Produkte stärken Sie auch die heimische Landwirtschaft und sichern damit Arbeitsplätze.

Biogetreide von guter Qualität aus der Region bekommen Sie in gut sortierten Supermärkten, in Drogerien, Reformhäusern oder direkt beim Produzenten.

In Österreich:
www.gutesvombauernhof.at/
Deutschland:
www.einkaufen-auf-dem-bauernhof.com/

MENGENANGABEN

Warum so oft Circa-Angaben?

Immer wenn Sie eine Circa-Angabe finden, gibt es mengenmäßigen Spielraum. Ob Sie ein paar Gramm mehr oder weniger erwischen, spielt keine Rolle. Außer beim Salz: Hier sollten Sie die im Rezept angegebene Höchstgrenze nicht überschreiten.

Warum keine konkreten Wasserangaben?

Jedes Mehl hat eine andere Quelleigenschaft, selbst bei der gleichen Marke ändert sich die Charge und damit das Getreide. Manche Hersteller standardisieren ihre Mehle, das ist bei Biovollkorngetreide aber seltener der Fall. Daher ist es sinnvoller, wenn Ihnen die Konsistenzen der Teige geläufig sind, als sich an absolute Flüssigkeitsangaben zu klammern.

Mengen abmessen: So geht's am schnellsten

Unzählige Messbecher, Messlöffel und dazu noch reichlich Reste, die beim Abmessen zurückbleiben? Das muss nicht sein. Mithilfe einer einfachen Digitalwaage mit abnehmbarem Glasteller, die 5 kg fasst, können Sie alle Zutaten bequem in eine Schüssel messen. Das spart Zeit, Geschirr und ist ökologisch sinnvoller.

Zutaten-Einmaleins

Die angeführten Tipps und Tricks beziehen sich nur auf die im Buch erwähnten Rezepte und Backtechniken, nicht allgemein auf Brotteige und Brot. Brot in der in diesem Buch dargestellten vereinfachten Technik erfordert oft andere Tipps und Tricks als auf herkömmliche Art und Weise zubereitetes.

SAUERTEIG, HEFE ODER BACKPULVER?

Sie können jedes Rezept anstatt mit Hefe oder Backpulver mit Sauerteig herstellen. Dadurch verlängert sich allerdings die Rastzeit um mehrere Stunden bis Tage, je nachdem, welchen Sauerteig Sie verwenden. Daher finden Sie in diesem Buch auch keine Sauerteigbrötchen. Anstatt Hefe können Sie für die Rezepte aus diesem Buch auch Backpulver verwenden und umgekehrt. So ergeben sich unzählige Variationsmöglichkeiten.

GETREIDESORTEN UND IHRE BACKEIGENSCHAFTEN

Damit ein Brot aufgehen kann, sind nicht nur Backtriebmittel wie zum Beispiel Hefe, Sauerteig oder Backpulver nötig, sondern auch Gluten. Es handelt sich dabei um ein Klebereiweiß, das in vielen Getreidesorten von Natur aus vorkommt. Fehlt es, geht das Brot zwar ein wenig auf, es gibt aber kein Gerüst, das für die Stabilität sorgt. Industriebackwaren wird oft zusätzlich Gluten hinzugefügt oder man verwendet Getreidesorten, in die man mehr Gluten hineinzüchtet. Der unnatürlich hohe Gehalt an Gluten kann aber zu einem Problem werden. Schon jetzt steigt die Zahl jener, die ihn nicht vertragen. Patienten mit Zöliakie müssen Gluten in jeder Form, das heißt auch das von Natur aus glutenhaltige Getreide, meiden.

Tipp

Für Sauerteigbrote ist kein Zusatz von Weizen oder einer mit Weizen verwandten Sorte nötig.

Getreidesorten mit von Natur aus backfreundlichem Glutengehalt

Brote aus diesen Getreidesorten gehen am besten auf, egal ob Sie Hefe oder Backpulver als Backtriebmittel verwenden. Dazu gehören: Weizen und alle mit dem Weizen verwandten Sorten, zum Beispiel Dinkel, Emmer, Einkorn, Kamut (Pharaonenkorn), Indigoweizen (rote Weizensorte). Wenn Sie mindestens die Hälfte von einer dieser Weizensorten in den Teig geben, können Sie jedes beliebige weitere Getreide verwenden, das Brot geht trotzdem auf.

Für Sauerteigbrote ist kein Zusatz von Weizen oder einer mit Weizen verwandten Sorte nötig.

Getreidesorten mit mittlerem bis geringem Glutengehalt

Diese Getreidesorten enthalten zu wenig Gluten, um alleine backfähig zu sein, das heißt das Brot geht, wenn Sie als Backtriebmittel Hefe oder Backpulver verwenden, nicht so schön auf, wird speckig oder bleibt eine Flade. Zu dieser Gruppe zählen Roggen, Gerste, Hafer, Nackthafer, Grünkern, Tauernroggen, Waldstaudenroggen. Wenn Sie diese Getreidesorten mit mindestens 50 Prozent Weizen oder einer Weizensorte mischen, lässt sich mit Hefe oder Backpulver ein lockeres Brot erzielen. Oft wird bei Verwendung dieser Getreidesorten Sauerteig eingesetzt oder ein Fladen gebacken.

Glutenfreie Getreidesorten

Diese Getreidesorten sind alleine nicht backfähig. Zu dieser Gruppe zählen Hirse, Mais, Reis, Buchweizen, Quinoa, Amaranth. Wenn Sie diese Getreidesorten mit mindestens 50 Prozent, besser 70 bis 90 Prozent Weizen oder einer Weizensorte mischen, erhält man mithilfe von Hefe und Backpulver ein lockeres Brot.

Im Handel gibt es glutenfreie Mehle, die aufgrund von speziellen Mischungen und bestimmten Zusätzen zu einem ansprechenden Ergebnis führen. Sie sind vor allem für Menschen bestimmt, die absolut glutenfrei essen müssen.

Obere Reihe: Dinkel, Einkorn, Grünkern, Waldstaudenkorn (= Johannesroggen, Urroggen), Hafer, Amaranth, Mais, Gerste
Untere Reihe: Weizen, Kamut, Indigoweizen, Roggen, Buchweizen, Hirse, Quinoa, Haferkleie

BROTGEWÜRZ UND KRÄUTER

Gewürze und Kräuter zählen zu den gesündesten Mineralstofflieferanten. Dabei spielt es keine Rolle, ob Sie die Gewürze frisch oder in getrockneter Form verwenden. Getrocknete Kräuter lassen sich meist besser untermischen, daher beziehen sich die Angaben bei den Rezepten auf getrocknete. Wenn Sie frische Kräuter verwenden möchten, verdreifachen Sie die Menge.

Gewürze sind für die Back- und Quelleigenschaft ohne Bedeutung. Allerdings bieten die Gewürze ein Zusatzplus an gesunden Wirkstoffen und natürlichen Aromen. Kümmel, Koriander, Fenchel und Anis wirken antiblähend und erhöhen damit die Verträglichkeit des Brotes wesentlich. Bockshornkleesamen, Schabzigerklee und Brotklee sind weitere gängige Brotgewürze. Verwenden Sie sie, bis auf Kümmel und Anis, nur gemahlen oder geschrotet.

Grundrezept Brotgewürz

Zutaten:
4 Teile Kümmel, 4 Teile Koriander, 1 Teil Fenchel, ½ bis 1 Teil Anis, 1 Teil Bockshornkleesamen

Zubereitung:
Die Gewürzkörner ein paar Minuten im Backofen oder in der Pfanne rösten. Achtung: Das Gewürz verbrennt leicht. Wenn Sie nach ein paar Minuten ein leichtes Puffen oder Knistern hören, die Gewürze aus dem Ofen nehmen.

Mindestens 12 Stunden auskühlen lassen und luftdicht verschlossen (Einmachglas) an einem dunklen Ort trocken aufbewahren. Bei Bedarf in der Getreide-, Pfeffermühle, elektrischen Kaffeemühle oder im Mörser frisch mahlen.

Dosierung pro 400 bis 500 g Mehl:
1 bis 2 gehäufte EL, wer das Brot würziger mag, kann auch bis zu 4 EL verwenden.

Links: Brotgewürz laut Rezept, *Mitte:* Brotklee, *rechts:* Kräutermischung

Individuelle Gewürzmischungen

Die beim Rezept vorgeschlagenen Gewürze schmecken Ihnen nicht? Sie können für jedes Brot individuelle Mischungen verwenden. Damit erreichen Sie auch eine breite Palette an Variationsmöglichkeiten.

Für süße Brote

Minze, Melisse, Zimt, Lebkuchengewürz, Stollengewürz, Ingwer, Zitronengras, Vanille
bis 1 TL / 500g Mehl
Nelken, Kardamom, Sternanis
bis 1 Msp. / 500g Mehl
Zitronen-, Orangen-, Limetten- oder Mandarinenschale
von je 1 Biofrucht / 500g Mehl

Für pikante Brote

Liebstöckel (Maggikraut), Ysop, Dost, Quendel, Selleriekraut, fein gehacktes Currykraut, Currypulver, Paprikapulver, Curcuma, geröstete und gemahlene Senfkörner, Ingwer, Rosmarin, Estragon, Salbei
bis 2 TL / 500g Mehl
Muskat, Safran
bis 3 Msp. / 500g Mehl
Pfeffer
bis zu 15 Umdrehungen mit der Pfeffermühle / 500g Mehl
Chili
bis zu fünf Schoten / 500g Mehl
Knoblauch
bis zu 4 Zehen / 500g Mehl
Gewürzpasten
bis zu 2 EL / 500g Mehl

SALZ

Wie viel Salz muss sein?

Als grobe Faustregel gilt: 2 g genügen für 100 g Mehl. Es kann auch weniger sein, denn das Salz sorgt nur für den Geschmack, nicht für das Gelingen. Ich selber bevorzuge eine Salzmenge von maximal 1 g pro 100 g Mehl.

Gibt es Salze, die gesünder sind?

Ob man nun zu jodiertem Salz greift oder nicht, ist jedem selber überlassen. Ich persönlich bevorzuge jodiertes Salz, da in Regionen, die nicht an Meeresküsten liegen, der natürliche Jodgehalt in der Ernährung häufig zu gering ist. Salz, mit Ausnahme von speziellen Diätsalzen, besteht immer aus einem überwiegenden Teil Natriumchlorid (NaCl). Das »gesunde Salz« gibt es also nicht.

Wenn Sie ein Salz mit einem hohen Anteil an Mineralstoffen möchten, mischen Sie sich ein Kräutersalz: mindestens zehn Teile Kräuter auf einen Teil Salz. Das Gemisch in einer elektrischen Kaffeemühle zerkleinern und in einer Gewürzdose aufbewahren. Haltbarkeit: mindestens ein Jahr.

SAMEN UND SAATEN

Samen und Saaten geben dem Brot einen besonderen Charakter. Sie punkten vor allem mit einem hohen Gehalt an gesunden Ölen und fettlöslichen Vitaminen. Aufgrund des hohen Fettgehalts sollten Samen und Saaten nicht in herkömmlichen Getreidemühlen mit Steinmahlwerk gemahlen

werden. Sie lassen sich gut in Flockenquetschen aus Metall zerkleinern und können im Ganzen, geschrotet oder gemahlen verwendet werden. Samen und Saaten sind glutenfrei und somit alleine nicht backfähig.

Samen und Saaten rösten

Wenn die Samen und Saaten im Backofen geröstet werden, schmecken diese besonders aromatisch. Dazu die Samen und Saaten so flach wie möglich auf einem Backblech verteilen und für wenige Minuten bei 220 °C Grillfunktion im Ofen rösten. Achtung: Das Röstgut verbrennt rasch. Sobald die Samen Farbe annehmen oder wie Popcorn zu poppen beginnen, aus dem Ofen nehmen und abkühlen lassen. Gut ausgekühlt in Vorratsbehälter füllen.

TROCKENFRÜCHTE

Bevorzugen Sie ungeschwefelte Trockenfrüchte. Schwefel kann unter anderem Kopfschmerzen, Übelkeit und Reizungen des Magens verursachen. Schwefel wird auf den Verpackungen als »Schwefeldioxid«, »Sulfite« und Verbindungen daraus (E220 bis E 225 und E226 bis E 228) gekennzeichnet.

Hefeteig

Back-Know-how

GRUNDZUTATEN

Der Hefeteig präsentiert sich als Verwandlungskünstler. Aus einem Grundrezept lassen sich unzählige Varianten kreieren. Die folgenden Rezepte können als Brotlaib, Brötchen oder Fladen gemacht werden. Im Rezept angeführt ist jeweils die gängiste Variante. Er besteht aus folgenden Grundzutaten:

Mehl, davon mindestens die Hälfte aus einer Weizensorte (Weizen, Dinkel, Emmer, Einkorn, Kamut), sonst benötigt man Sauerteig

pro 100 g Mehl maximal 2 g **Salz**

pro 100 g Mehl 1 bis 6% **Hefe,** je nach Konsistenz und Rastdauer (siehe dazu die folgenden Ausführungen)

So viel **Wasser,** dass die Gabel im Teig stehen bleibt und nicht umfällt (bei Brotlaiben) beziehungsweise geschmeidig-weich ist, aber nicht klebt (bei Kleingebäck)

Zur Verfeinerung können noch weitere Zutaten hinzugefügt werden:

Milchprodukte (Joghurt, Buttermilch, Sauermilch, Acidophilusmilch, Topfen (Quark), Käse …)

Nüsse (Hasel-, Erd-, Macadamia-, Pecannüsse …)

Saaten (Leinsamen, Kürbiskerne, Sonnenblumenkerne, Sesam, Mohn …)

Gemüse (Karotten, Sellerie, Zucchini, Kürbis, Spinat, Tomaten, Zwiebeln, Erbsen)

Gegarte **Hülsenfrüchte** (grüne Erbsen, Kichererbsen, Linsen, Bohnen)

Reste von gegartem **Fleisch** (Schinken, Speck, Wurst- und Würstchenreste, Sugo)

Reste von gegartem **Getreide** (Polenta, Reis, Hirse, Nudeln, Gerste)

Kartoffeln

Trockenfrüchte etc.

WISSENSWERTES ÜBER HEFE

Frisch oder getrocknet?

Trockenhefe: Es handelt sich um gepresste und getrocknete Hefepilze, die man ohne Auflösen ins Mehl streut. Trockenhefe erspart den Vorteig (»Dampfl«). In diesem Buch wird nur frische Hefe verwendet. Wenn Sie lieber mit Trockenhefe backen, dosieren Sie entsprechend der Dosieranleitung auf der Packung. Geöffnete Beutel luftdicht, zum Beispiel in einem Schraubverschlussglas, kühl und trocken aufbewahren.

Frische Hefe ist gepresst in Würfelform meist à 42 g erhältlich. Es handelt sich um lebendige Hefepilze, die mit Wasser verflüssigt werden müssen. Sie ist kostengünstig und in der Backeigenschaft meiner Meinung nach besser.

Lagerung: Nach dem Einkauf in ein Schraubverschlussglas oder in eine flache Plastikbox geben und am kältesten Platz im Kühlschrank aufbewahren. So hält sie wochenlang. Wenn die Hefe am Rand ein wenig eintrocknet, ist das kein Problem. Wenn sich aber deutliche Farbveränderungen zeigen (rote, grüne, graue, schwarze Flecken) oder sie schimmelt, sollte die Frischhefe entsorgt werden.

Dosierung

Als Faustregel gilt: Je mehr Hefe Sie verwenden, desto schneller geht das Gebäck auf. Je weniger, desto länger müssen Sie das Brot rasten lassen. Wenn Sie mehr als die unten angeführten Mengen in den Teig mischen, geht das Gebäck zwar extrem schnell auf, die Hefe schmeckt aber unangenehm vor.

Herkömmliche Brotteige
Nur aus Mehl, eventuell Schrot, Hefe, Wasser und Gewürzen:

ca. 3 bis 6 % Hefe (ca. 30 g bis 60 g frische Hefe pro kg Mehl oder Schrot)

»Schwere« Teige
Teige mit Eiern Milchprodukten, fettreichen Zutaten etc.

6 bis 8 % Hefe (ca. 60 bis 80 g frische Hefe pro kg Mehl oder Schrot)

Teige mit langer Rastzeit

Rastet der Teig über Nacht im Kühlschrank, nehmen Sie die halbe Hefemenge, die im Rezept angegeben ist. Rastet der Teig in der Wärme für mindestens einen Tag, kann die Menge auf ca. 2 % Hefe für schwere Teige und auf ca. 1 % Hefe für alle anderen Teige reduziert werden (ca. 10 bis 20 g frische Hefe pro Kilo Mehl oder Schrot).

2 Packungen Trockenhefe à 7 g entsprechen ca. einem Würfel Frischhefe à 42 g.

Das hemmt das Wachstum von Hefe

Bringen Sie frische Hefe niemals in direkten Kontakt mit folgenden Zutaten: heißem oder kochendem Wasser oder anderen Flüssigkeiten, Salz, fettreichen Lebensmitteln (Öl, Butter, in Öl Eingelegtem etc.), Milchprodukten, Eiern, Alkohol (Rum, Likör, Schnaps …)

Das Herzstück aller Rezepte ist die »**Gabelmethode**«. Sie ermöglicht es, nur mithilfe einer Gabel und einer Schüssel den Brotteig schnell und einfach zuzubereiten. Damit alles gelingt, sind ein paar Kniffe zu beachten.

Die Gabelmethode bei Hefeteig
gerührt, nicht geschüttelt

VARIANTE 1: Gabelteig – feuchte Zutaten zuerst

1 Beginnen Sie mit den feuchten Zutaten (Milchprodukte, Eier, Öl und Eingelegtes), mit Ausnahme des Wassers. Diese mit einer Gabel kurz verrühren.

2 Die trockenen Zutaten darüberstreuen, dabei mit dem Mehl beginnen. Besonders gut verteilen sich die trockenen Zutaten im fertigen Gebäck, wenn sie mithilfe der Gabel mit dem Mehl vermengt werden.

3 Drücken Sie am Schüsselrand eine Grube in die trockenen Zutaten. In diese die Hefe (im Ganzen) setzen, ein Zerbröckeln ist nicht notwendig.

4 Gießen Sie ca. eine halbe kleine Tasse lauwarmes Wasser (ca. 60 g) über den Hefewürfel.

5 Verrühren Sie die Hefe mit dem Wasser, bis sie sich auflöst. Das geht am besten, wenn Sie sie mit der Gabel immer wieder gegen die Schüsselwand drücken.

6 Sobald die Hefe flüssig ist, können Sie alle Zutaten mit der Gabel vermengen.

7 Mischen Sie so viel lauwarmes Wasser unter, dass der Teig die gewünschte Konsistenz erhält (vgl. S. 23, ideale Teigkonsistenz von Vollkornhefeteigen).

Gabelteig für Brote mit Schrot oder größeren Mengen an Flocken

a Die Flocken oder den Schrot in eine Schüssel geben und mit kochend heißem Wasser übergießen. Mit einer Gabel umrühren und mindestens 10 Minuten oder noch besser über Nacht quellen und abkühlen lassen.

b Nach der Quellzeit die restlichen Zutaten der Reihe nach über den aufgequollenen Getreidebrei geben, am Schüsselrand eine Grube eindrücken und den Teig wie bei Variante 1, ab Punkt 2 (oder wenn noch weitere feuchte Zutaten in den Teig sollen, ab Punkt 1) beschrieben, weiterverarbeiten.

VARIANTE 2:
Gabelteig – Hefe und feuchte Zutaten danach

1 Füllen Sie die trockenen Zutaten in die Schüssel und vermischen Sie alles mit der Gabel.

2 Drücken Sie am Schüsselrand auf einer Seite eine Grube für die Hefe ein und auf der anderen Seite eine Grube für die feuchten Zutaten.

3 Gießen Sie circa eine halbe kleine Tasse lauwarmes Wasser (ca. 60 g) über den Hefewürfel.

4 Verrühren Sie die Hefe mit dem Wasser, bis sie sich auflöst. Das geht am besten, wenn Sie sie mit der Gabel immer wieder gegen die Schüsselwand drücken.

5 Sobald die Hefe flüssig ist, können Sie alle Zutaten mit der Gabel vermengen.

6 Mischen Sie so viel lauwarmes Wasser unter, dass der Teig die gewünschte Konsistenz erhält (vgl. S. 23, ideale Teigkonsistenz von Vollkornhefeteig).

VARIANTE 3:
Gabelteig – Hefe zuerst

1 Gießen Sie circa 60 g handwarmes Wasser in eine große Teigschüssel.

2 Setzen Sie den Hefewürfel hinein und verrühren Sie Hefe und Wasser mit einer Gabel.

3 Geben Sie nun die trockenen Zutaten der Reihe nach in die Schüssel, beginnend mit dem Getreide (Mehl, Flocken oder Schrot).

4 Vermengen Sie die trockenen Zutaten grob mit der Gabel, damit sich die Gewürze gut im Mehl verteilen.

5 Fügen Sie die restlichen feuchten Zutaten hinzu (z. B. Milch, Joghurt etc.)

6 Mischen Sie so viel lauwarmes Wasser unter, dass der Teig die gewünschte Konsistenz erhält.
(vgl. S. 23, ideale Teigkonsistenz von Vollkornhefeteig).

Gabeltest – so soll es sein

So ist der Teig zu weich, die Gabel fällt um

Alternative zur Gabel: Kneten in der Rührmaschine

Sie können die Teige aus diesem Buch auch in einer Rührmaschine mit einem Teighaken kneten. Allerdings zahlt sich das nur bei Mengen ab mindestens 1 kg Mehl aus. Das Problem dabei: Die Rastzeit verlängert sich. Allgemein gilt: Nur kurz kneten.

Auswahl an verschiedenen Formen, die sich zum Brotbacken eignen: Muffinform, ofenfeste Tassen, Backblech, Töpfe, Eierpfanne, Kastenform

Welche Menge für welche Form?

Die folgende Tabelle gibt Richtwerte an. Je nach Größe des Backblechs, nach Volumen der Backform und der favorisierten Kleingebäckgröße kann es Abweichungen geben. Allgemein gilt: Füllen Sie die Backform nur zu zwei Drittel voll, da der Teig noch aufgeht und sonst aus der Form herausquellen kann. Nicht jede Form ist gleich hoch und fasst gleich viel Teig. Daher im Zweifelsfall die nächstgrößere wählen.

Die Formen vor dem Backen mit Backpapier auskleiden oder befetten und bemehlen oder mit Brösel, Haferkleie, Haferflocken, geriebenen Nüssen etc. ausstreuen.

Getreidemenge gesamt (Mehl, Schrot, Flocken …)	**Brötchen** (Stück, je nach Größe, die man formt)	**Kastenform** (Länge in cm)	**Brotlaib** (Größe)	**Fladenbrot** (bezogen auf ein Backblech)
250g	3–6	20 cm (kleine Kastenform)	klein	gut ⅓ Blech
300g	4–7	20–22 cm (kleine Kastenform), wird gut gefüllt	mittel	ca. ½ Blech
350g	5–8	ca. 22 cm (mittlere Kastenform)	mittel	gut ½ Blech
500g	6–12	ca. 25 cm (herkömmliche Größe)	groß	ca. 1 Blech

GEBÄCK FORMEN: ALLES IST MÖGLICH

Die ideale Konsistenz von Vollkornhefeteig

Den Teig, sofern im Rezept nicht anders beschrieben, sofort weiterverarbeiten. Je nachdem, in welche Form Sie Ihr Gebäck bringen wollen, sollte der Teig eine unterschiedliche Konsistenz haben.

Teigkonsistenz 1
Gebäck aus der Backform:

Der Teig darf klebrig sein, aber nicht zu weich, sonst wird das Brot speckig.

Teigkonsistenz 2
Kleingebäck mit der Teigkarte oder nassen Hand geformt:

Der Teig soll weicher sein als zum Formen von Figuren, aber nicht zu weich, sonst verliert das Gebäck beim Backen die Form.

Teigkonsistenz 3
Kleingebäck in Form von Figuren (z. B. Brezen)

Der Teig soll sich wie ein Ohrläppchen anfühlen, also fester sein und so wenig klebrig wie möglich.

Bei allen Varianten gilt: Immer den Gabeltest machen, also die Gabel in den fertigen Teig stecken. Bei keinem der Teige darf die Gabel umfallen. Wenn der Teig bröselt und nicht zusammenhält, mischen Sie lauwarmes Wasser unter. Wenn er so weich geraten ist, dass die Gabel beim Hineinstecken in den Teig umfällt, mengen Sie noch Mehl unter. Am besten ein Mehl aus der Weizengruppe (Weizen, Dinkel, Einkorn, Emmer oder Kamut), sonst kann es passieren, dass das Brot nicht mehr so schön aufgeht.

Teigkonsistenz 1

Backen in der Kastenform oder einer anderen großen Backform

1 Die Backform mit Backpapier auskleiden oder einfetten und bemehlen beziehungsweise mit Brösel, Haferkleie, Haferflocken, geriebenen Nüssen etc. ausstreuen.

2 Den Teig mithilfe einer Teigkarte in die Mitte der Form gleiten lassen. Nicht glatt streichen, sonst verlängert sich die Rastzeit und das Brot geht nicht mehr so schön auf.

3 Den Teig mit lauwarmem Wasser bestreichen oder einfach die Form kurz unter den Wasserhahn halten. Erwischt man zu viel Wasser, dieses wieder abgießen.

4 Das Brot eventuell noch beliebig bestreichen, bestreuen und anschließend rasten lassen.

Backen auf dem Blech

1 Ein Backblech mit Backpapier auskleiden. Aus dem Teig einen beliebigen runden, ovalen, herzförmigen etc. Brotlaib formen.

2 Das geformte Brot auf das Blech setzen und mit Wasser bestreichen.

3 Das Brot eventuell noch zusätzlich beliebig (vgl. S. 27) bestreichen, bestreuen, eventuell mit einer Gabel oder einem Stipproller einstechen und anschließend rasten lassen. Man kann das Brot auch unmittelbar vor dem Backen mit einem Messer einschneiden. Das hat den Vorteil, dass dann das Muster besser erhalten bleibt.

Aufgehen in einem Gärkorb und Backen auf dem Blech

1 Einen Gärkorb mit reichlich Mehl ausstreuen oder das Brot rundherum sehr gut bemehlen, sonst klebt das Brot im Korb an.

2 Den Teig in den Gärkorb setzen und mit einem Geschirrtuch abdecken und aufgehen lassen. Das Brot auf ein mit Backpapier ausgekleidetes Backblech stürzen.

3 Eventuell beliebig bestreichen, bestreuen und anschließend backen. (vgl. S. 27) Fällt der Teig beim Stürzen zusammen, muss er noch einmal für ein paar Minuten aufgehen.

Tipp

Weidengärkörbe sehen zwar hübsch aus, aber die Reinigung ist schwierig, zudem können sich bei seltenem Gebrauch Milben festsetzen. Gärkörbe aus Kunststoff können Sie hingegen bequem im Geschirrspüler reinigen.

Fladenbrot

1 Ein Backblech mit Backpapier auskleiden.

2 Den Teig auf das Blech gleiten lassen.

3 Circa 2 Handvoll Wasser in eine Schüssel füllen. Die Teigkarte wiederholt ins Wasser tauchen und den Teig damit in Form streichen.

4 Gegebenenfalls Gewürze oder eine andere Zutat auf der Flade verteilen. Anschließend mit Öl bestreichen. Die Ölschicht ist wichtig, damit die Gewürze nicht verbrennen und bitter werden.

5 Zum Schluss mit den Fingern oder einem Kochlöffelstiel Vertiefungen in die Flade drücken. Die Vertiefungen erst ganz zum Schluss eindrücken, sonst fließt das Öl in die Mulden beziehungsweise sammelt sich der Belag dort.

Backen in Muffinformen, Kaffeetassen oder anderen kleinen Förmchen

1 Mit einem Löffel aus dem Teig Teighäufchen ausstechen und in die Form setzen. Nicht glatt streichen.

2 Mit Wasser bestreichen.

3 Eventuell noch zusätzlich beliebig bestreichen und bestreuen. (vgl. S. 27)

Teigkonsistenz 2

Runde und längliche Brötchen, mit der Hand geformt

1 Aus dem Teig mit der Teigkarte oder einem Löffel Häufchen ausstechen und auf ein mit Backpapier ausgelegtes Backblech setzen. Man kann die Häufchen so belassen oder mit der nassen Hand rund oder länglich formen.

2 Mit Wasser bestreichen und eventuell noch beliebig weiter bestreichen und bestreuen.

3 Ca. 15 bis 30 Minuten im geschlossenen, aber kalten Backofen gehen lassen.

4 Vor dem Backen kann man die Brötchen noch mit einem Messer einschneiden oder einstechen. Man kann den Teig auch mit einer Schere einschneiden und die Spitzen hochziehen.

Teigkonsistenz 3

Kleingebäck in diversen Formen

1 Die Arbeitsfläche bemehlen, wenn der Teig sich nicht rollen lässt. Oft fällt es leichter, ihn auf einer unbemehlten Steinplatte auszurollen als auf einer bemehlten Arbeitsplatte.

2 Mit einer Teigkarte Teigstücke herausstechen oder eine Rolle formen und Teigstücke abschneiden. Diese Teigstücke wiederum zu einer Rolle formen und auf das Blech setzen oder beliebig weiter formen.

3 Mit Wasser und eventuell beliebig weiter bestreichen und bestreuen. (vgl. S. 27)

BESTREICHEN UND BESTREUEN

Befeuchten Sie das Hefeteiggebäck immer zuerst mit Wasser. Sie können es dann noch mit einer weiteren Zutat bestreichen, zum Beispiel mit Milch, Eiweiß (macht einen schönen Glanz), Eigelb oder dem ganzen Ei, verquirlt mit Milch. Die Brötchen können nach Belieben bestreut werden. Dazu eignen sich:

Kerne, Saaten und Nüsse, im Ganzen, grob gehackt oder gemahlen

Flocken (zum Beispiel Haferflocken, Dinkelflocken, Hirseflocken, Flocken aus rotem Weizen)

Gewürze (Schwarzkümmel, Kümmel, Chiliflocken …)

Mehl, Schrot und Kleie

Bäckersalz (ein Spezialsalz), herkömmliches grobes Salz schmilzt beim Backen

Blüten

Dekorationszutaten (Auswahl): *Obere Reihe:* Bäckersalz, Mohn, Kleie, Chiliflocken, Sonnenblumenkerne, Leinsamen dunkel, Sesam hell, Nüsse *Untere Reihe:* Schwarzkümmel, Getreideflocken, Kümmel, Kokosflocken, Kürbiskerne, Leinsamen hell, Sesam schwarz, gehackte Nüsse

Tipp

Kombinationen aus verschiedenen Zutaten wirken besonders attraktiv.

Getrocknete Blüten als Dekoration sind ein schöner Farbtupfer. Verwenden Sie aber nur sehr kleine Mengen (1 Prise pro Kleingebäck).

Teig zu wenig aufgegangen, man sieht noch keine Luftkammern, der Teig zieht keine Fäden

Teig genug aufgegangen, die Luftkammern sind deutlich sichtbar

RASTZEITEN: HEFETEIG BRAUCHT RUHE

Es gibt mehrere Varianten, Hefeteige rasten zu lassen. Ob der Teig genug aufgegangen ist, erkennen Sie, wenn Sie den Teig ein wenig hochziehen.

Abbildung 1 zeigt einen Teig, der noch nicht genug, *Abbildung 2* einen Teig, der genug aufgegangen ist und in den Ofen soll. Lässt man Teig zu lange aufgehen, fällt er spätestens beim Backen zusammen, entweder ganz oder nur in der Mitte.

Schnellvariante

Verwenden Sie zum Auflösen der Hefe lauwarmes Wasser (um die 30 °C). Idealerweise haben alle Zutaten Zimmertemperatur. Bereiten Sie den Teig zu und formen Sie unmittelbar danach das Gebäck. Setzen Sie es auf das Blech und bestreichen und bestreuen Sie es beliebig. Das Blech mitsamt Gebäck in den kalten oder maximal auf 30 °C vorgeheizten Backofen schieben. Große Gebäckstücke auf die unterste Einschubleiste schieben, kleine ebenfalls auf die unterste oder die zweite von unten. So lange rasten lassen, bis das Gebäck schön aufgegangen ist. Das dauert ca. 15 bis 30 Minuten. Den Ofen auf ca. 180 °C Heißluft, 200 °C Unter/Oberhitze oder Brotbackstufe einschalten und backen.

Kaltvariante über Nacht (8 bis 12 Stunden)

Verwenden Sie zum Auflösen der Hefe kaltes Wasser, nehmen Sie um knapp die Hälfte weniger Hefe als im Rezept angeführt und bereiten Sie den Teig fertig zu.

Unmittelbar danach das Gebäck formen, entweder in eine mit Backpapier ausgelegte Backform oder ein Backblech setzen. Zuerst mit Wasser bestreichen, damit die Oberfläche nicht austrocknet. Abschließend eventuell mit beliebigen Zutaten bestreichen und bestreuen. Die Backform oder das Backblech mitsamt dem Gebäck in den Kühlschrank schieben und dort über Nacht rasten lassen. Nicht abdecken, sonst klebt der Teig an der Abdeckung. Am nächsten Tag das Gebäck direkt vom Kühlschrank in den kalten oder warmen Backofen schieben.

Tipp

Diese Methode ist ideal für Berufstätige, die frisches Gebäck zum Frühstück wollen. Man kann am Abend das Gebäck vorbereiten und am Morgen in den Ofen schieben.

AB IN DEN OFEN: TIPPS UND TRICKS ZUM BACKEN

Es gibt mittlerweile unzählige Möglichkeiten, Brot zu backen. Viele Öfen verfügen bereits über ein spezielles Brot- oder Brötchenprogramm. Aber es genügen auch die ganz normalen Backofenfunktionen. Folgende Backtemperaturen gelten als Richtwert. Wenn in der Anleitung Ihres Backofens eine andere Temperatur empfohlen wird, verwenden Sie diese.

	Heißluft	Unter/Oberhitze
Süßes Hefegebäck	ca. 170 °C	ca. 190 °C
Brot	ca. 180 °C	ca. 200 °C
Brötchen	ca. 180–190 °C	ca. 200–210 °C
Knuspriges, dünnes Fladenbrot	Nicht empfehlenswert	200–220 °C unterste Einschubleiste; ersatzweise Pizzastufe

Vorheizen oder nicht?

Kein Vorheizen, wenn Sie das Gebäck im kalten oder lauwarmen Backofen rasten lassen. In diesem Fall schieben Sie die geformten Teiglinge in den kalten Backofen, lassen diese im Ofen aufgehen und schalten den Ofen ein, wenn das Gebäck fast, aber noch nicht ganz aufgegangen ist. Das Gebäck kann während der Aufheizzeit im Ofen noch weiter aufgehen.
Vorheizen, wenn das Gebäck schon ausreichend aufgegangen ist. In diesem Fall schieben Sie das Blech mitsamt Gebäck in den vorgeheizten Ofen, sonst kann es passieren, dass es zu sehr aufgeht und dann beim Backen zusammenfällt.

Anfangshitze höher wählen?

Eine hohe Anfangshitze wirkt sich positiv auf die Kruste aus. Achtung! Das Gebäck kann leicht verbrennen. Wählen Sie die Anfangstemperatur um ca. 50 °C höher und schalten Sie nach 10 Minuten zurück.

Wasserschale in den Ofen?

Nein, denn die Dampfbildung soll nach ca. 15 Minuten abgeschlossen sein, nach dieser Zeit beginnt das Wasser in der Wasserschale aber erst zu verdampfen. Verwenden Sie in den ersten 10 bis 15 Minuten die Dampffunktion des Ofens oder geben Sie kochend heißes Wasser in den Ofen.

Welche Einschubleiste?

Wenn der Hersteller Ihres Ofens nichts anderes vorgegeben hat, schieben Sie großes Gebäck auf die unterste Einschubleiste und kleines Gebäck auf die unterste oder zweite Schiene von unten. Dann bäckt das Gebäck von unten her gut durch, ohne oben zu verbrennen. Viele Öfen geben oben sehr viel Hitze ab, was zu einer zu raschen Bräunung führt.

Welche Backdauer?

Großes Gebäck: ca. 45 bis 60 Minuten
Kleingebäck: ca. 25 bis 35 Minuten
Fladenbrot: 25 bis 30 Minuten
Dünne, knusprige Fladen: ca. 10 Minuten

In Backöfen, die nicht gut oder unregelmäßig heizen, kann sich die Backdauer erhöhen.

Tipp

Je mehr Bleche Sie einschieben, desto mehr Feuchtigkeit bildet sich im Backofen und entsprechend länger dauert es, bis die Brötchen knusprig braun werden.

Backen im Dampfgarer

Manche backen die Brötchen im Dampfgarer. Das ist dann sinnvoll, wenn Sie keine Kruste möchten. Backdauer wie im herkömmlichen Backofen, das heißt bei großem Gebäck 45 bis 60 Minuten, bei Kleingebäck ca. 30 Minuten bei ca. 95 bis 97 °C. Beim Backen im Dampfgarer ergibt sich eine Oberfläche wie bei einem Hefekloß (Germknödel).

Garprobe

Brot und Brötchen: Klopfen Sie auf die Unterseite. Klingt es hohl, ist das Gebäck fertig.
Knusprige, dünne Fladen: Knusprige Fladen sollten, wie der Name schon sagt, knusprig sein.
Weiche, dickere Fladen: Sie sollten noch weich, aber nicht klebrig sein. Mit einem Spieß oder Zahnstocher in die Mitte stechen: Wenn kein Teig mehr kleben bleibt, ist der Fladen fertig. Je länger er bäckt, desto knuspriger, aber auch härter wird er.

Auskühlen

Sie möchten eine knusprige Kruste? Nehmen Sie das Gebäck sofort nach dem Backen vom Blech und lassen Sie das Gebäck auf einem Backofengitter auskühlen. So kann die Feuchtigkeit entweichen und das Gebäck bleibt knusprig.

Sie möchten eine weiche Kruste? Decken Sie das Gebäck unmittelbar nach dem Backen mit einem Geschirrtuch ab. So kann die Feuchtigkeit nicht entweichen und die Kruste wird weich.

SO BLEIBT ALLES LÄNGER FRISCH

Brotlaibe verlieren Feuchtigkeit und werden trocken und hart. Je kleiner das Brot, desto schneller geht es. Daher das Brot am ersten und eventuell zweiten Tag mit der Schnittfläche auf einen Teller setzen oder kleine Brötchen in einem Brotkorb aufbewahren, so bleibt die Kruste erhalten. Erst nach dem zweiten Tag in einen geschlossenen Behälter oder in den kalten Backofen geben, damit das Gebäck nicht zu schnell austrocknet.

Brötchen schmecken tagfrisch am besten. Der beste Aufbewahrungsort für übrig gebliebene Brötchen ist daher der Tiefkühler. Gut verpackt halten sie mindestens ein Vierteljahr. Vor der Verwendung können Sie die Brötchen im Rohr oder Toaster aufbacken bis sie wieder knusprig sind.

Tipp

Wenn Sie Brötchen auf Vorrat backen und diese tiefkühlen, sollte die Kruste hell sein. So kann beim Aufbacken nichts verbrennen.

Altbackene Brote und Brötchen frisch und knusprig zaubern

Wenn Sie ein Brot wieder frisch zaubern möchten, müssen Sie ihm Flüssigkeit zurückgeben: Halten Sie altbackenes Brot unter den Wasserhahn. Die aufgeweichten Brote in den auf 180 °C Heißluft oder 200 °C Unter/Oberhitze vorgeheizten Backofen auf die unterste Einschubleiste schieben und ca. 10 bis 30 Minuten (je nach Feuchtigkeitsgehalt und Größe) backen, bis sie wieder knusprig sind.

Hefeteig
neutral

Vollkorngebäck

- vegan
- vegetarisch
- eifrei, wenn ohne Ei bestrichen
- milchfrei, wenn ohne Milch bestrichen

Kcal: 808.55, Eiweiß (g): 31.88, Fett (g): 5.88, KH (g): 154.36, BE: 12.86

ZUTATEN

Für 3 bis 6 Brötchen (je nach gewählter Größe), 1 kleine Kastenform, 1 kleinen Brotlaib oder bei Fladenbrot für gut ein Drittel eines Backblechs. Die Menge kann beliebig reduziert oder vervielfacht werden.

Teig

lauwarmes Wasser
¼ Würfel frische Hefe (ca. 10 g)
250 g Weizenvollkornmehl, ersatzweise Dinkel-, Emmer-, Einkorn- oder Kamut-Vollkornmehl
ca. 4–5 g Salz
ca. 1 EL Brotgewürz oder beliebige andere Gewürze

zum Ausfertigen

Wasser und eventuell beliebige weitere Zutaten zum Bestreichen und Bestreuen

ZUBEREITUNG

1 Ein Backblech vorbereiten. Soll Brot in der Form gebacken werden, diese mit Backpapier auskleiden oder ausfetten und bemehlen.

2 Ca. eine halbe Tasse Wasser in eine große Teigschüssel gießen. Den Hefewürfel in das Wasser setzen und mit einer Gabel verrühren.

3 Die übrigen trockenen Zutaten der Reihe nach in die Schüssel geben und mit der Gabel grob vermengen, damit sich die Gewürze gut im Mehl verteilen. Anschließend alle Zutaten mit der Gabel verrühren und so viel Wasser untermischen, dass die Gabel im fertigen Teig stehen bleibt und nicht umfällt, sonst ist der Teig zu weich und das Brot wird speckig. Bleibt Mehl in der Schüssel, das der Teig nicht aufnehmen kann, noch etwas Wasser hinzufügen.

4 Der Teig kann sofort weiterverarbeitet werden. Aus dem Teig ein Brot bzw. Brötchen formen. **Brötchen/Brotlaib ohne Form:** Der Teig darf nicht zu klebrig sein. Brötchen/Brotlaib am besten mit der nassen Hand oder einer nassen Teigkarte formen. **Brotlaib in der Form:** Für das Backen in der Form darf der Teig etwas weicher und klebriger sein. Die Gabel soll aber trotzdem nicht im fertigen Teig umfallen.

5 Das Gebäck zuerst mit Wasser und dann eventuell mit Ei oder Milch bestreichen und nach Belieben bestreuen.

6 Das Blech mitsamt dem Gebäck in den kalten oder max. auf 30 °C vorgeheizten Backofen auf die unterste oder zweite Einschubleiste schieben. So lange rasten lassen, bis der geformte Teig schön aufgegangen ist. Das dauert ca. 15 bis 30 Minuten.

7 Den Ofen auf ca. 180 °C Heißluft, 200 °C Unter/Oberhitze oder die Brotbackstufe einstellen. Die Teiglinge können während der Aufheizzeit im Ofen bleiben. **Brötchen** sind in 25 bis 35 Minuten fertig gebacken (gerechnet ab dem Zeitpunkt, ab dem der Ofen heiß ist). Ein **Brotlaib** muss für 45 bis 60 Minuten in den Backofen. Das Gebäck so lange backen, bis es eine schöne Farbe annimmt und beim Klopfen auf die Unterseite hohl klingt.

8 Das Gebäck nach dem Backen sofort vom Blech oder aus der Form nehmen und auf einem Gitter auskühlen lassen, damit die Kruste knusprig bleibt.

Joghurt-Vollkorngebäck

vegetarisch
eifrei, wenn ohne Ei bestrichen

Kcal: 930.55, Eiweiß (g): 38.48, Fett (g): 12.88, KH (g): 162.36, BE: 13.66

ZUTATEN

Für 3 bis 6 Brötchen (je nach gewählter Größe), 1 kleine Kastenform, 1 kleinen Brotlaib oder bei Fladenbrot für gut ein Drittel eines Backblechs. Die Menge kann beliebig reduziert oder vervielfacht werden.

Teig

lauwarmes Wasser
¼ Würfel frische Hefe (ca. 10 g)
250 g Weizenvollkornmehl, ersatzweise Dinkel-, Emmer-, Einkorn- oder Kamut-Vollkornmehl
ca. 4–5 g Salz
ca. 1 EL Brotgewürz oder beliebige andere Gewürze
200 g Naturjoghurt

zum Ausfertigen

Wasser und eventuell beliebige weitere Zutaten zum Bestreichen und Bestreuen

ZUBEREITUNG

1 Ein Backblech vorbereiten. Soll Brot in der Form gebacken werden, diese mit Backpapier auskleiden oder ausfetten und bemehlen.

2 Ca. eine halbe Tasse Wasser in eine große Teigschüssel gießen. Den Hefewürfel in das Wasser setzen. Hefe und Wasser mit einer Gabel verrühren.

3 Die übrigen trockenen Zutaten der Reihe nach in die Schüssel geben und mit der Gabel grob vermengen, damit sich die Gewürze gut im Mehl verteilen. Dann den Joghurt hinzufügen und alles mit der Gabel verrühren. Anschließend so viel Wasser untermischen, dass die Gabel im fertigen Teig stehen bleibt und nicht umfällt. Fällt die Gabel um, ist der Teig zu weich und das Brot wird speckig. Bleibt Mehl in der Schüssel, das der Teig nicht aufnehmen kann, noch etwas Wasser hinzufügen.

4 Der Teig kann sofort weiterverarbeitet werden. Aus dem Teig ein Brot bzw. Brötchen formen. **Brötchen/Brotlaib ohne Form:** Der Teig darf nicht zu klebrig sein. Brötchen/Brotlaib am besten mit der nassen Hand oder einer nassen Teigkarte formen. **Brotlaib in der Form:** Für das Backen in der Form darf der Teig etwas weicher und klebriger sein. Die Gabel soll aber trotzdem nicht im fertigen Teig umfallen.

5 Das Gebäck zuerst mit Wasser und dann eventuell mit Ei oder Milch bestreichen und nach Belieben bestreuen.

6 Das Blech mitsamt dem Gebäck in den kalten oder max. auf 30 °C vorgeheizten Backofen auf die unterste oder zweite Einschubleiste schieben. So lange rasten lassen, bis der geformte Teig schön aufgegangen ist. Das dauert ca. 15 bis 30 Minuten.

7 Den Ofen auf ca. 180 °C Heißluft, 200 °C Unter/Oberhitze oder die Brotbackstufe einstellen. Die Teiglinge können während der Aufheizzeit im Ofen bleiben. **Brötchen** sind in 25 bis 35 Minuten fertig gebacken (gerechnet ab dem Zeitpunkt, ab dem der Ofen heiß ist). Ein **Brotlaib** muss für 45 bis 60 Minuten in den Backofen. Das Gebäck so lange backen, bis es eine schöne Farbe annimmt und beim Klopfen auf die Unterseite hohl klingt.

8 Das Gebäck nach dem Backen sofort vom Blech oder aus der Form nehmen und auf einem Gitter auskühlen lassen, damit die Kruste knusprig bleibt.

Buttermilch-Vollkorngebäck

vegetarisch
eifrei, wenn ohne Ei bestrichen

Kcal: 867.05, Eiweiß (g): 36.98, Fett (g): 7.38, KH (g): 160.36, BE: 13.36

ZUTATEN

Für 3 bis 6 Brötchen (je nach gewählter Größe), 1 kleine Kastenform, 1 kleinen Brotlaib oder bei Fladenbrot für gut ein Drittel eines Backblechs. Die Menge kann beliebig reduziert oder vervielfacht werden.

Teig

lauwarmes Wasser
¼ Würfel frische Hefe (ca. 14 g)
250 g Weizenvollkornmehl, ersatzweise Dinkel-, Emmer-, Einkorn- oder Kamut-Vollkornmehl
ca. 4–5 g Salz
ca. 1 EL Brotgewürz oder beliebige andere Gewürze
150 g Buttermilch, ersatzweise Sauermilch oder Acidophilusmilch

zum Ausfertigen

Wasser und eventuell beliebige weitere Zutaten zum Bestreichen und Bestreuen

ZUBEREITUNG

1 Ein Backblech vorbereiten. Soll Brot in der Form gebacken werden, diese mit Backpapier auskleiden oder ausfetten und bemehlen.

2 Ca. eine halbe Tasse Wasser in eine große Teigschüssel gießen. Den Hefewürfel in das Wasser setzen. Hefe und Wasser mit einer Gabel verrühren.

3 Die übrigen trockenen Zutaten der Reihe nach in die Schüssel geben und mit der Gabel grob vermengen, damit sich die Gewürze gut im Mehl verteilen. Anschließend alle Zutaten (inkl. der Buttermilch) mit der Gabel verrühren. Anschließend so viel Wasser untermischen, dass die Gabel im fertigen Teig stehen bleibt und nicht umfällt. Fällt die Gabel um, ist der Teig zu weich und das Brot wird speckig. Bleibt Mehl in der Schüssel, das der Teig nicht aufnehmen kann, noch etwas Wasser hinzufügen.

4 Der Teig kann sofort weiterverarbeitet werden. Aus dem Teig ein Brot bzw. Brötchen formen. **Brötchen/Brotlaib ohne Form:** Der Teig darf nicht zu klebrig sein. Brötchen/Brotlaib am besten mit der nassen Hand oder einer nassen Teigkarte formen. **Brotlaib in der Form:** Für das Backen in der Form darf der Teig etwas weicher und klebriger sein. Die Gabel soll aber trotzdem nicht im fertigen Teig umfallen.

5 Das Gebäck zuerst mit Wasser und dann eventuell mit Ei oder Milch bestreichen und nach Belieben bestreuen.

6 Das Blech mitsamt dem Gebäck in den kalten oder max. auf 30 °C vorgeheizten Backofen auf die unterste oder zweite Einschubleiste schieben. So lange rasten lassen, bis der geformte Teig schön aufgegangen ist. Das dauert ca. 15 bis 30 Minuten.

7 Den Ofen auf ca. 180 °C Heißluft, 200 °C Unter/Oberhitze oder die Brotbackstufe einstellen. Die Teiglinge können während der Aufheizzeit im Ofen bleiben. **Brötchen** sind in 25 bis 35 Minuten fertig gebacken (gerechnet ab dem Zeitpunkt, ab dem der Ofen heiß ist). Ein **Brotlaib** muss für 45 bis 60 Minuten in den Backofen. Das Gebäck so lange backen, bis es eine schöne Farbe annimmt und beim Klopfen auf die Unterseite hohl klingt

8 Das Gebäck nach dem Backen sofort vom Blech oder aus der Form nehmen und auf einem Gitter auskühlen lassen, damit die Kruste knusprig bleibt.

Mehrkorn-Vollkorngebäck

- vegan
- vegetarisch
- eifrei, wenn ohne Ei bestrichen
- milchfrei, wenn ohne Milch bestrichen

Kcal: 824.65, Eiweiß (g): 30.87, Fett (g): 5.84, KH (g): 159.44, BE: 13.28

ZUTATEN

Für 3 bis 6 Brötchen (je nach gewählter Größe), 1 kleine Kastenform, 1 kleinen Brotlaib oder bei Fladenbrot für gut ein Drittel eines Backblechs. Die Menge kann beliebig reduziert oder vervielfacht werden.

Teig

lauwarmes Wasser
¼ Würfel frische Hefe (ca. 10 g)
180 g Weizenvollkornmehl, ersatzweise Dinkel-, Emmer-, Einkorn- oder Kamut-Vollkornmehl
80 g beliebiges Getreidemehl, solo oder gemischt
ca. 4–5 g Salz
ca. 1 EL Brotgewürz oder beliebige andere Gewürze

zum Ausfertigen

Wasser und eventuell beliebige weitere Zutaten zum Bestreichen und Bestreuen

ZUBEREITUNG

1 Ein Backblech vorbereiten. Soll Brot in der Form gebacken werden, diese mit Backpapier auskleiden oder ausfetten und bemehlen.

2 Ca. eine halbe Tasse Wasser in eine große Teigschüssel gießen. Den Hefewürfel in das Wasser setzen. Hefe und Wasser mit einer Gabel verrühren.

3 Die übrigen trockenen Zutaten der Reihe nach in die Schüssel geben und mit der Gabel grob vermengen, damit sich die Gewürze gut im Mehl verteilen. Anschließend alle Zutaten mit der Gabel verrühren. Anschließend so viel Wasser untermischen, dass die Gabel im fertigen Teig stehen bleibt und nicht umfällt. Fällt die Gabel um, ist der Teig zu weich und das Brot wird speckig. Bleibt Mehl in der Schüssel, das der Teig nicht aufnehmen kann, noch etwas Wasser hinzufügen.

4 Der Teig kann sofort weiterverarbeitet werden: Aus dem Teig ein Brot bzw. Brötchen formen. **Brötchen/Brotlaib ohne Form:** Der Teig darf nicht zu klebrig sein. Brötchen/Brotlaib am besten mit der nassen Hand oder einer nassen Teigkarte formen. **Brotlaib in der Form:** Für das Backen in der Form darf der Teig etwas weicher und klebriger sein. Die Gabel soll aber trotzdem nicht im fertigen Teig umfallen.

5 Das Gebäck zuerst mit Wasser und dann eventuell mit Ei oder Milch bestreichen und nach Belieben bestreuen.

6 Das Blech mitsamt dem Gebäck in den kalten oder max. auf 30 °C vorgeheizten Backofen auf die unterste oder zweite Einschubleiste schieben. So lange rasten lassen, bis der geformte Teig schön aufgegangen ist. Das dauert ca. 15 bis 30 Minuten.

7 Den Ofen auf ca. 180 °C Heißluft, 200 °C Unter/Oberhitze oder die Brotbackstufe einstellen. Die Teiglinge können während der Aufheizzeit im Ofen bleiben. **Brötchen** sind in 25 bis 35 Minuten fertig gebacken (gerechnet ab dem Zeitpunkt, ab dem der Ofen heiß ist). Ein **Brotlaib** muss für 45 bis 60 Minuten in den Backofen. Das Gebäck so lange backen, bis es eine schöne Farbe annimmt und beim Klopfen auf die Unterseite hohl klingt.

8 Das Gebäck nach dem Backen sofort vom Blech oder aus der Form nehmen und auf einem Gitter auskühlen lassen, damit die Kruste knusprig bleibt.

Schrotgebäck

- vegan
- vegetarisch
- eifrei, wenn ohne Ei bestrichen
- milchfrei, wenn ohne Milch bestrichen

Kcal: 1121.55, Eiweiß (g): 43.61, Fett (g): 7.88, KH (g): 215.33, BE: 17.94

ZUTATEN

Für 5 bis 8 Brötchen (je nach gewählter Größe), 1 kleine Kastenform, 1 mittleren Brotlaib oder bei Fladenbrot für gut ein halbes Backblech. Die Menge kann beliebig reduziert oder vervielfacht werden.

Teig

50 g beliebiger Getreideschrot, solo oder gemischt
100 g kochend heißes Wasser (aus dem Wasserkocher)
300 g Weizenvollkornmehl, ersatzweise Dinkel-, Emmer-, Einkorn- oder Kamut-Vollkornmehl
ca. 5–6 g Salz
ca. 1 EL Brotgewürz oder beliebige andere Gewürze
⅓ Würfel frische Hefe (ca. 14 g)
kaltes Wasser

zum Ausfertigen

Wasser und eventuell beliebige weitere Zutaten zum Bestreichen und Bestreuen

ZUBEREITUNG

1 Ein Backblech vorbereiten. Soll Brot in der Form gebacken werden, diese mit Backpapier auskleiden oder ausfetten und bemehlen.

2 Den Getreideschrot in eine Schüssel füllen und mit dem kochend heißen Wasser übergießen. Mit einer Gabel umrühren. Alles mindestens 10 Minuten quellen und überkühlen lassen. Die trockenen Zutaten über dem Brei verteilen und nur diese mit der Gabel kurz vermengen, den Brei noch nicht untermischen.

3 Nun am Schüsselrand eine Grube eindrücken und die Hefe im Ganzen hineinsetzen. Ca. eine halbe kleine Tasse kaltes Wasser über den Hefewürfel gießen und mit der Gabel immer wieder gegen die Schüsselwand drücken, bis sich die Hefe auflöst. Sobald die Hefe flüssig ist, alle Zutaten mit der Gabel vermengen. So viel kaltes Wasser untermischen, dass die Gabel im fertigen Teig stehen bleibt und nicht umfällt. Fällt sie um, ist der Teig zu weich und das Brot wird speckig. Bleibt Mehl in der Schüssel, das der Teig nicht aufnehmen kann, noch etwas Wasser hinzufügen.

4 Der Teig kann sofort weiterverarbeitet werden: Aus dem Teig ein Brot bzw. Brötchen formen. **Brötchen/Brotlaib ohne Form:** Der Teig darf nicht zu klebrig sein. Brötchen/Brotlaib am besten mit der nassen Hand oder einer nassen Teigkarte formen. **Brotlaib in der Form:** Für das Backen in der Form darf der Teig etwas weicher und klebriger sein. Die Gabel soll aber trotzdem nicht im fertigen Teig umfallen.

5 Das Gebäck zuerst mit Wasser und dann eventuell mit Ei oder Milch bestreichen und nach Belieben bestreuen.

6 Das Blech mitsamt dem Gebäck in den kalten oder max. auf 30 °C vorgeheizten Backofen auf die unterste oder zweite Einschubleiste schieben. So lange rasten lassen, bis der geformte Teig schön aufgegangen ist. Das dauert ca. 15 bis 30 Minuten.

7 Den Ofen auf ca. 180 °C Heißluft, 200 °C Unter/Oberhitze oder die Brotbackstufe einstellen. Die Teiglinge können während der Aufheizzeit im Ofen bleiben. **Brötchen** sind in 25 bis 35 Minuten fertig gebacken (gerechnet ab dem Zeitpunkt, ab dem der Ofen heiß ist). Ein **Brotlaib** muss für 45 bis 60 Minuten in den Backofen. Das Gebäck so lange backen, bis es eine schöne Farbe annimmt und beim Klopfen auf die Unterseite hohl klingt.

8 Das Gebäck nach dem Backen sofort vom Blech oder aus der Form nehmen und auf einem Gitter auskühlen lassen, damit die Kruste knusprig bleibt.

Porridgegebäck

vegetarisch
eifrei, wenn ohne Ei bestrichen

Kcal: 1249.37, Eiweiß (g): 49.63, Fett (g): 15.68, KH (g): 223.67, BE: 18.64

ZUTATEN

Für 5 bis 8 Brötchen (je nach gewählter Größe), 1 kleine Kastenform, 1 mittleren Brotlaib oder bei Fladenbrot für gut ein halbes Backblech. Die Menge kann beliebig reduziert oder vervielfacht werden.

Teig

150 g Milch
50 g Haferflocken oder beliebige andere Getreideflocken
300 g Weizenvollkornmehl, ersatzweise Dinkel-, Emmer-, Einkorn- oder Kamut-Vollkornmehl
ca. 5–6 g Salz
ca. 1 EL Brotgewürz oder beliebige andere Gewürze
⅓ Würfel frische Hefe (ca. 14 g)
kaltes Wasser

zum Ausfertigen

Wasser und eventuell beliebige weitere Zutaten zum Bestreichen und Bestreuen

ZUBEREITUNG

1 Ein Backblech vorbereiten. Soll Brot in der Form gebacken werden, diese mit Backpapier auskleiden oder ausfetten und bemehlen.

2 Die Milch aufkochen und die Haferflocken einrühren. Unter Rühren kurz aufkochen und anschließend mindestens 10 Minuten quellen und überkühlen lassen.

3 In der Zwischenzeit die Hefe in eine Schüssel geben und mit ca. einer viertel kleinen Tasse kaltem Wasser übergießen. So lange mit einer Gabel rühren, bis die Hefe flüssig ist. Die restlichen Zutaten über der Hefe verteilen. Alles mit der Gabel vermengen, zum Schluss den Flockenbrei hinzufügen. So viel kaltes Wasser untermischen, dass die Gabel im fertigen Teig stehen bleibt und nicht umfällt. Fällt sie um, ist der Teig zu weich und das Brot wird speckig. Bleibt Mehl in der Schüssel, das der Teig nicht aufnehmen kann, noch etwas Wasser hinzufügen.

4 Der Teig kann sofort weiterverarbeitet werden: Aus dem Teig ein Brot bzw. Brötchen formen. **Brötchen/Brotlaib ohne Form:** Der Teig darf nicht zu klebrig sein. Brötchen/Brotlaib am besten mit der nassen Hand oder einer nassen Teigkarte formen. **Brotlaib in der Form:** Für das Backen in der Form darf der Teig etwas weicher und klebriger sein. Die Gabel soll aber trotzdem nicht im fertigen Teig umfallen.

5 Das Gebäck zuerst mit Wasser und dann eventuell mit Ei oder Milch bestreichen und nach Belieben bestreuen.

6 Das Blech mitsamt dem Gebäck in den kalten oder max. auf 30 °C vorgeheizten Backofen auf die unterste oder zweite Einschubleiste schieben. So lange rasten lassen, bis der geformte Teig schön aufgegangen ist. Das dauert ca. 15 bis 30 Minuten.

7 Den Ofen auf ca. 180 °C Heißluft, 200 °C Unter/Oberhitze oder die Brotbackstufe einstellen. Die Teiglinge können während der Aufheizzeit im Ofen bleiben. **Brötchen** sind in 25 bis 35 Minuten fertig gebacken (gerechnet ab dem Zeitpunkt, ab dem der Ofen heiß ist). **Ein Brotlaib** muss für 45 bis 60 Minuten in den Backofen. Das Gebäck so lange backen, bis es eine schöne Farbe annimmt und beim Klopfen auf die Unterseite hohl klingt.

8 Das Gebäck nach dem Backen sofort vom Blech oder aus der Form nehmen und auf einem Gitter auskühlen lassen, damit die Kruste knusprig bleibt.

Saatengebäck

vegetarisch
eifrei, wenn ohne Ei bestrichen

Kcal: 1085.7, Eiweiß (g): 45.92, Fett (g): 27.35, KH (g): 161.44, BE: 13.45

ZUTATEN

Für 4 bis 7 Brötchen (je nach gewählter Größe), 1 kleine Kastenform, 1 mittleren Brotlaib oder bei Fladenbrot für gut ein halbes Backblech. Die Menge kann beliebig reduziert oder vervielfacht werden.

Teig

lauwarmes Wasser
⅓ Würfel frische Hefe (ca. 14 g)
200 g Weizenvollkornmehl, ersatzweise Dinkel-, Emmer-, Einkorn- oder Kamut-Vollkornmehl
50 g Roggenvollkornmehl, ersatzweise Waldstaudenkorn-Vollkornmehl
ca. 50 g Saaten (zum Beispiel Sonnenblumenkerne, Leinsamen, Sesam, Kürbiskerne, Saatenmix oder Salatkernmischung)
ca. 5–6 g Salz
ca. 1 EL Brotgewürz oder beliebige andere Gewürze
100 g Buttermilch, ersatzweise Sauermilch oder Acidophilusmilch

zum Ausfertigen

Wasser und eventuell beliebige weitere Zutaten zum Bestreichen und Bestreuen

ZUBEREITUNG

1 Ein Backblech vorbereiten. Soll Brot in der Form gebacken werden, diese mit Backpapier auskleiden oder ausfetten und bemehlen.

2 Ca. eine halbe Tasse Wasser in eine große Teigschüssel gießen. Den Hefewürfel in das Wasser setzen und mit einer Gabel verrühren.

3 Die übrigen trockenen Zutaten der Reihe nach in die Schüssel geben und mit der Gabel grob vermengen, damit sich die Gewürze gut im Mehl verteilen. Anschließend alle Zutaten inklusive der Buttermilch mit der Gabel verrühren und so viel Wasser untermischen, dass die Gabel im fertigen Teig stehen bleibt und nicht umfällt, sonst ist der Teig zu weich und das Brot wird speckig. Bleibt Mehl in der Schüssel, das der Teig nicht aufnehmen kann, noch etwas Wasser hinzufügen.

4 Der Teig kann sofort weiterverarbeitet werden. Aus dem Teig ein Brot bzw. Brötchen formen. **Brötchen/Brotlaib ohne Form:** Der Teig darf nicht zu klebrig sein. Brötchen/Brotlaib am besten mit der nassen Hand oder einer nassen Teigkarte formen. **Brotlaib in der Form:** Für das Backen in der Form darf der Teig etwas weicher und klebriger sein. Die Gabel soll aber trotzdem nicht im fertigen Teig umfallen.

5 Das Gebäck zuerst mit Wasser und dann eventuell mit Ei oder Milch bestreichen und nach Belieben bestreuen.

6 Das Blech mitsamt dem Gebäck in den kalten oder max. auf 30 °C vorgeheizten Backofen auf die unterste oder zweite Einschubleiste schieben. So lange rasten lassen, bis der geformte Teig schön aufgegangen ist. Das dauert ca. 15 bis 30 Minuten.

7 Den Ofen auf ca. 180 °C Heißluft, 200 °C Unter/Oberhitze oder die Brotbackstufe einstellen. Die Teiglinge können während der Aufheizzeit im Ofen bleiben. **Brötchen** sind in 25 bis 35 Minuten fertig gebacken (gerechnet ab dem Zeitpunkt, ab dem der Ofen heiß ist). Ein **Brotlaib** muss für 45 bis 60 Minuten in den Backofen. Das Gebäck so lange backen, bis es eine schöne Farbe annimmt und beim Klopfen auf die Unterseite hohl klingt.

8 Das Gebäck nach dem Backen sofort vom Blech oder aus der Form nehmen und auf einem Gitter auskühlen lassen, damit die Kruste knusprig bleibt.

Flockengebäck

vegetarisch
eifrei, wenn ohne Ei bestrichen

Kcal: 1089.15, Eiweiß (g): 43.39, Fett (g): 16.29, KH (g): 189.26, BE: 15.76

ZUTATEN

Für 4 bis 7 Brötchen (je nach gewählter Größe), 1 kleine Kastenform, 1 mittleren Brotlaib oder bei Fladenbrot für gut ein halbes Backblech. Die Menge kann beliebig reduziert oder vervielfacht werden.

Teig

- 50 g beliebige Flocken, zum Beispiel eine Flockenmischung oder Haferflocken
- 100 g kochend heißes Wasser aus dem Wasserkocher
- 200 g Weizenvollkornmehl, ersatzweise Dinkel-, Emmer-, Einkorn- oder Kamut-Vollkornmehl
- 50 g Roggenvollkornmehl, ersatzweise Waldstaudenkorn-Vollkornmehl
- 20 g Leinsamen
- ca. 4–5 g Salz
- ca. 1 EL Brotgewürz oder beliebige andere Gewürze
- ⅓ Würfel frische Hefe (ca. 14 g)
- kaltes Wasser
- 100 g Buttermilch, ersatzweise Sauermilch oder Acidophilusmilch

zum Ausfertigen

Wasser und eventuell beliebige weitere Zutaten zum Bestreichen und Bestreuen

ZUBEREITUNG

1 Ein Backblech vorbereiten. Soll Brot in der Form gebacken werden, diese mit Backpapier auskleiden oder ausfetten und bemehlen.

2 Die Flocken in eine Schüssel füllen, mit dem kochend heißen Wasser übergießen und mit einer Gabel umrühren. Mindestens 10 Minuten quellen und überkühlen lassen.

3 Die trockenen Zutaten über dem Brei verteilen und nur diese mit der Gabel kurz vermengen, damit sich die Gewürze gut verteilen. Nun am Schüsselrand eine Grube eindrücken und die Hefe im Ganzen hineinsetzen. Ca eine halbe kleine Tasse kaltes Wasser darüber gießen und die Hefe mithilfe der Gabel immer wieder gegen die Schüsselwand drücken, bis sie sich auflöst.

4 Nun alle übrigen Zutaten mit der Gabel vermengen. Mischen Sie zuerst die Buttermilch und anschließend so viel kaltes Wasser unter, dass die Gabel im fertigen Teig stehen bleibt und nicht umfällt, sonst ist er zu weich und das Brot wird speckig. Bleibt Mehl in der Schüssel, das der Teig nicht aufnehmen kann, noch etwas Wasser hinzufügen.

5 Der Teig kann sofort weiterverarbeitet werden. Aus dem Teig ein Brot bzw. Brötchen formen. **Brötchen/Brotlaib ohne Form:** Der Teig darf nicht zu klebrig sein. Brötchen/Brotlaib am besten mit der nassen Hand oder einer nassen Teigkarte formen. **Brotlaib in der Form:** Für das Backen in der Form darf der Teig etwas weicher und klebriger sein. Die Gabel soll aber trotzdem nicht im fertigen Teig umfallen.

6 Das Gebäck zuerst mit Wasser und dann eventuell mit Ei oder Milch bestreichen und nach Belieben bestreuen.

7 Das Blech mitsamt dem Gebäck in den kalten oder max. auf 30 °C vorgeheizten Backofen auf die unterste oder zweite Einschubleiste schieben. So lange rasten lassen, bis der geformte Teig schön aufgegangen ist. Das dauert ca. 15 bis 30 Minuten.

8 Den Ofen auf ca. 180 °C Heißluft, 200 °C Unter/Oberhitze oder die Brotbackstufe einstellen. Die Teiglinge können während der Aufheizzeit im Ofen bleiben. **Brötchen** sind in 25 bis 35 Minuten fertig gebacken (gerechnet ab dem Zeitpunkt, ab dem der Ofen heiß ist). Ein **Brotlaib** muss für 45 bis 60 Minuten in den Backofen. Das Gebäck so lange backen, bis es eine schöne Farbe annimmt und beim Klopfen auf die Unterseite hohl klingt

9 Das Gebäck nach dem Backen sofort vom Blech oder aus der Form nehmen und auf einem Gitter auskühlen lassen, damit die Kruste knusprig bleibt.

Burger- und Bagelbrötchen

- vegan
- vegetarisch
- eifrei, wenn ohne Ei bestrichen
- milchfrei, wenn ohne Milch bestrichen

Kcal: 989.05, Eiweiß (g): 36.60, Fett (g): 6.42, KH (g): 192.91, BE: 16.07

ZUTATEN

Für 4 bis 7 Brötchen (je nach gewählter Größe. Die Menge kann beliebig reduziert oder vervielfacht werden.

Teig

lauwarmes Wasser
¼ Würfel frische Hefe (ca. 10 g)
200 g Kamut-Vollkornmehl
100 g glattes Weizenmehl
ca. 5–6 g Salz
1 Msp. Brotklee, ½ TL Brotgewürz oder beliebige andere Gewürze

zum Ausfertigen

Wasser und eventuell beliebige weitere Zutaten zum Bestreichen und Bestreuen, z. B. Sesam

ZUBEREITUNG

1 Ein Backblech einfetten oder mit Backpapier belegen.

2 Ca. eine halbe Tasse Wasser in eine große Teigschüssel gießen. Den Hefewürfel in das Wasser setzen und mit einer Gabel verrühren.

3 Die übrigen trockenen Zutaten der Reihe nach in die Schüssel geben und mit der Gabel grob vermengen, damit sich die Gewürze gut im Mehl verteilen. Anschließend alle Zutaten mit der Gabel verrühren und so viel Wasser untermischen, dass die Gabel im fertigen Teig stehen bleibt und nicht umfällt, sonst ist der Teig zu weich und das Brot wird speckig. Bleibt Mehl in der Schüssel, das der Teig nicht aufnehmen kann, noch etwas Wasser hinzufügen.

4 Der Teig kann sofort weiterverarbeitet werden. Aus dem Teig **Burger** – runde Brötchen, die ein wenig flach gedrückt werden – oder **Bagels** – zu einem Kringel zusammengedrehte Teigrollen – formen.

5 Die Burger bzw. Bagels beliebig bestreichen und z. B. mit Sesam bestreuen.

6 Das Blech mit dem Gebäck in den kalten oder max. auf 30 °C vorgeheizten Backofen auf die unterste oder zweite Einschubleiste schieben. So lange rasten lassen, bis der geformte Teig schön aufgegangen ist. Das dauert ca. 15 bis 30 Minuten.

7 Den Ofen auf ca. 180 °C Heißluft, 200 °C Unter/Oberhitze oder die Brotbackstufe einstellen. Die Teiglinge können während der Aufheizzeit im Ofen bleiben. Die Brötchen ca. 25 bis 30 Minuten so lange backen, bis sie eine schöne Farbe angenommen haben und nicht mehr teigig sind.

8 Die Brötchen nach dem Backen mit einem Geschirrtuch abdecken, dann wird die Kruste wieder weich.

Getreidereste-Buttermilch-Gebäck

Tipp

Dieses Rezept eignet sich ideal als Resteverwertung. Sie können beliebige Getreidereste, zum Beispiel gekochte Polenta, gekochten Reis, Hirse, Dinkelreis oder Gerste, untermischen.

- vegetarisch
- eifrei, wenn ohne Ei bestrichen

Kcal: 997.87, Eiweiß (g): 40.45, Fett (g): 7.77, KH (g): 188.25, BE: 15.68 (berechnet mit 50 g rohen Roggenkörnern)

ZUTATEN

Für 5 bis 8 Brötchen (je nach gewählter Größe), 1 kleine Kastenform, 1 mittleren Brotlaib oder bei Fladenbrot für gut ein halbes Backblech. Die Menge kann beliebig reduziert oder vervielfacht werden.

Teig

50–150 g gekochtes Getreide (siehe Tipp)
ca. 100 g Buttermilch, ersatzweise Sauermilch oder Acidophilusmilch
250 g Weizenvollkornmehl, ersatzweise Dinkel-, Emmer-, Einkorn- oder Kamut-Vollkornmehl
ca. 4–5 g Salz
ca. 1 EL Brotgewürz oder beliebige andere Gewürze
⅓ Würfel frische Hefe (ca. 14 g)
lauwarmes Wasser

zum Ausfertigen

Wasser und eventuell beliebige weitere Zutaten zum Bestreichen und Bestreuen

ZUBEREITUNG

1 Ein Backblech vorbereiten. Soll Brot in der Form gebacken werden, diese mit Backpapier auskleiden oder ausfetten und bemehlen.

2 Das gekochte Getreide und die Buttermilch in die Schüssel geben und darüber die trockenen Zutaten verteilen. Diese kurz mit einer Gabel vermengen, dann verteilen sich die Gewürze besser.

3 Am Schüsselrand eine Grube eindrücken und die Hefe im Ganzen hineinsetzen. Circa eine halbe kleine Tasse lauwarmes Wasser über den Hefewürfel gießen und diesen mit der Gabel immer wieder gegen die Schüsselwand drücken, bis er sich aufgelöst hat.

4 Sobald die Hefe flüssig ist, alle Zutaten mit der Gabel vermengen und so viel lauwarmes Wasser untermischen, dass die Gabel im fertigen Teig stehen bleibt und nicht umfällt, sonst ist der Teig zu weich und das Brot wird speckig. Bleibt Mehl in der Schüssel, das der Teig nicht aufnehmen kann, noch etwas Wasser hinzufügen.

5 Der Teig kann sofort weiterverarbeitet werden. Aus dem Teig ein Brot bzw. Brötchen formen. **Brötchen/Brotlaib ohne Form:** Der Teig darf nicht zu klebrig sein. Brötchen/Brotlaib am besten mit der nassen Hand oder einer nassen Teigkarte formen. **Brotlaib in der Form:** Für das Backen in der Form darf der Teig etwas weicher und klebriger sein. Die Gabel soll aber trotzdem nicht im fertigen Teig umfallen.

6 Das Gebäck zuerst mit Wasser und dann eventuell mit Ei oder Milch bestreichen und nach Belieben bestreuen.

7 Das Blech mitsamt dem Gebäck in den kalten oder max. auf 30 °C vorgeheizten Backofen auf die unterste oder zweite Einschubleiste schieben. So lange rasten lassen, bis der geformte Teig schön aufgegangen ist. Das dauert ca. 15 bis 30 Minuten.

8 Den Ofen auf ca. 180 °C Heißluft, 200 °C Unter/Oberhitze oder die Brotbackstufe einstellen. Die Teiglinge können während der Aufheizzeit im Ofen bleiben. **Brötchen** sind in 25 bis 35 Minuten fertig gebacken (gerechnet ab dem Zeitpunkt, ab dem der Ofen heiß ist). Ein **Brotlaib** muss für 45 bis 60 Minuten in den Backofen. Das Gebäck so lange backen, bis es eine schöne Farbe annimmt und beim Klopfen auf die Unterseite hohl klingt.

9 Das Gebäck nach dem Backen sofort vom Blech oder aus der Form nehmen und auf einem Gitter auskühlen lassen, damit die Kruste knusprig bleibt.

Doppeldeckergebäck

- vegan
- vegetarisch
- eifrei, wenn ohne Ei bestrichen
- milchfrei, wenn ohne Milch bestrichen

Kcal: 1617.10, Eiweiß (g): 63.77, Fett (g): 11.75, KH (g): 308.71, BE: 25.72

ZUTATEN

Für ca. 12 Brötchen (je nach gewählter Größe), 1 hermkömmliche Kastenform, 1 großen Brotlaib oder bei Fladenbrot für ein Backblech. Die Menge kann beliebig reduziert oder vervielfacht werden.

Heller Teig

lauwarmes Wasser
¼ Würfel frische Hefe (ca. 10 g)
250 g Kamut-Vollkornmehl
ca. 4–5 g Salz
ca. 1 EL Brotgewürz oder beliebige andere Gewürze

Dunkler Teig

lauwarmes Wasser
ca. ¼ Würfel frische Hefe (ca. 10 g)
250 g Indigoweizen (roter Weizen)
ca. 4–5 g Salz
ca. 1 EL Brotgewürz oder beliebige andere Gewürze

zum Ausfertigen

Wasser und eventuell beliebige weitere Zutaten zum Bestreichen und Bestreuen

ZUBEREITUNG

1 Ein Backblech vorbereiten. Soll Brot in der Form gebacken werden, diese mit Backpapier auskleiden oder ausfetten und bemehlen.

2 In getrennten Schüsseln den hellen und dunklen Teig zubereiten: Jeweils eine halbe Tasse lauwarmes Wasser in eine große Teigschüssel gießen. Den Hefewürfel in das Wasser setzen und mit einer Gabel verrühren.

3 Die übrigen trockenen Zutaten der Reihe nach in die Schüssel geben und mit der Gabel grob vermengen, damit sich die Gewürze gut im Mehl verteilen. Anschließend alle Zutaten mit der Gabel verrühren und so viel Wasser untermischen, dass die Gabel im fertigen Teig stehen bleibt und nicht umfällt, sonst ist der Teig zu weich und das Brot wird speckig. Bleibt Mehl in der Schüssel, das der Teig nicht aufnehmen kann, noch etwas Wasser hinzufügen.

4 Der Teig kann sofort weiterverarbeitet werden. Aus den beiden Teigen ein zweifarbiges Brot bzw. Brötchen formen. **Brötchen/Brotlaib ohne Form:** Der Teig darf nicht zu klebrig sein. Brötchen/Brotlaib am besten mit der nassen Hand oder einer nassen Teigkarte formen. **Brotlaib in der Form:** Für das Backen in der Form darf der Teig etwas weicher und klebriger sein. Die Gabel soll aber trotzdem nicht im fertigen Teig umfallen. Sind die Teige unterschiedlich weich geraten, den festeren als Ersten in die Form füllen und erst dann den weicheren.

5 Das Gebäck zuerst mit Wasser und dann eventuell mit Ei oder Milch bestreichen und nach Belieben bestreuen.

6 Das Blech mitsamt dem Gebäck in den kalten oder max. auf 30 °C vorgeheizten Backofen auf die unterste oder zweite Einschubleiste schieben. So lange rasten lassen, bis der geformte Teig schön aufgegangen ist. Das dauert ca. 15 bis 30 Minuten.

7 Den Ofen auf ca. 180 °C Heißluft, 200 °C Unter/Oberhitze oder die Brotbackstufe einstellen. Die Teiglinge können während der Aufheizzeit im Ofen bleiben. **Brötchen** sind in 25 bis 35 Minuten fertig gebacken (gerechnet ab dem Zeitpunkt, ab dem der Ofen heiß ist). Ein **Brotlaib** muss für 45 bis 60 Minuten in den Backofen. Das Gebäck so lange backen, bis es eine schöne Farbe annimmt und beim Klopfen auf die Unterseite hohl klingt.

8 Das Gebäck nach dem Backen sofort vom Blech oder aus der Form nehmen und auf einem Gitter auskühlen lassen, damit die Kruste knusprig bleibt.

Indigogebäck

- vegan
- vegetarisch
- eifrei, wenn ohne Ei bestrichen
- milchfrei, wenn ohne Milch bestrichen

Kcal: 965.05, Eiweiß (g): 37.75, Fett (g): 6.88, KH (g): 184.84, BE: 15.40

ZUTATEN

Für 4 bis 7 Brötchen (je nach gewählter Größe), 1 Kastenform, 1 mittleren Brotlaib oder bei Fladenbrot für ca. ein halbes Backblech. Die Menge kann beliebig reduziert oder vervielfacht werden.

Teig

lauwarmes Wasser
¼ Würfel frische Hefe (ca. 10 g)
300 g Indigoweizen-Vollkornmehl (rote Weizensorte)
ca. 5–6 g Salz
ca. 1 EL Brotgewürz oder beliebige andere Gewürze

zum Ausfertigen

Wasser und eventuell beliebige weitere Zutaten zum Bestreichen und Bestreuen

ZUBEREITUNG

1 Ein Backblech vorbereiten. Soll Brot in der Form gebacken werden, diese mit Backpapier auskleiden oder ausfetten und bemehlen.

2 Ca. eine halbe Tasse lauwarmes Wasser in eine große Teigschüssel gießen. Den Hefewürfel in das Wasser setzen und mit einer Gabel verrühren.

3 Die übrigen trockenen Zutaten der Reihe nach in die Schüssel geben und mit der Gabel grob vermengen, damit sich die Gewürze gut im Mehl verteilen. Anschließend alle Zutaten mit der Gabel verrühren und so viel Wasser untermischen, dass die Gabel im fertigen Teig stehen bleibt und nicht umfällt, sonst ist der Teig zu weich und das Brot wird speckig. Bleibt Mehl in der Schüssel, das der Teig nicht aufnehmen kann, noch etwas Wasser hinzufügen.

4 Der Teig kann sofort weiterverarbeitet werden. Aus dem Teig ein Brot bzw. Brötchen formen. **Brötchen/Brotlaib ohne Form:** Der Teig darf nicht zu klebrig sein. Brötchen/Brotlaib am besten mit der nassen Hand oder einer nassen Teigkarte formen. **Brotlaib in der Form:** Für das Backen in der Form darf der Teig etwas weicher und klebriger sein. Die Gabel soll aber trotzdem nicht im fertigen Teig umfallen.

5 Das Gebäck zuerst mit Wasser und dann eventuell mit Ei oder Milch bestreichen und nach Belieben bestreuen.

6 Das Blech mitsamt dem Gebäck in den kalten oder max. auf 30 °C vorgeheizten Backofen auf die unterste oder zweite Einschubleiste schieben. So lange rasten lassen, bis der geformte Teig schön aufgegangen ist. Das dauert ca. 15 bis 30 Minuten.

7 Den Ofen auf ca. 180 °C Heißluft, 200 °C Unter/Oberhitze oder die Brotbackstufe einstellen. Die Teiglinge können während der Aufheizzeit im Ofen bleiben. **Brötchen** sind in 25 bis 35 Minuten fertig gebacken (gerechnet ab dem Zeitpunkt, ab dem der Ofen heiß ist). Ein **Brotlaib** muss für 45 bis 60 Minuten in den Backofen. Das Gebäck so lange backen, bis es eine schöne Farbe annimmt und beim Klopfen auf die Unterseite hohl klingt.

8 Das Gebäck nach dem Backen sofort vom Blech oder aus der Form nehmen und auf einem Gitter auskühlen lassen, damit die Kruste knusprig bleibt.

Einkorngebäck

- vegetarisch
- eifrei, wenn ohne Ei bestrichen

Kcal: 1029.37, Eiweiß (g): 41.72, Fett (g): 10.42, KH (g): 188.89, BE: 15.80

ZUTATEN

Für 4 bis 7 Brötchen (je nach gewählter Größe), 1 Kastenform, 1 mittleren Brotlaib oder bei Fladenbrot für ca. ein halbes Backblech. Die Menge kann beliebig reduziert oder vervielfacht werden.

Teig

lauwarmes Wasser
⅓ Würfel frische Hefe (ca. 14 g)
300 g Einkorn- Vollkornmehl
ca. 5–6 g Salz
ca. 1 EL Brotgewürz oder beliebige andere Gewürze
100 g Naturjoghurt

zum Ausfertigen

Wasser und eventuell beliebige weitere Zutaten zum Bestreichen und Bestreuen

ZUBEREITUNG

1 Ein Backblech vorbereiten. Soll Brot in der Form gebacken werden, diese mit Backpapier auskleiden oder ausfetten und bemehlen.

2 Ca. eine halbe Tasse lauwarmes Wasser in eine große Teigschüssel gießen. Den Hefewürfel in das Wasser setzen und mit einer Gabel verrühren.

3 Die übrigen trockenen Zutaten der Reihe nach in die Schüssel geben und mit der Gabel grob vermengen, damit sich die Gewürze gut im Mehl verteilen. Dann den Joghurt hinzufügen, alle Zutaten mit der Gabel verrühren. So viel Wasser untermischen, dass die Gabel im fertigen Teig stehen bleibt und nicht umfällt, sonst ist der Teig zu weich und das Brot wird speckig. Bleibt Mehl in der Schüssel, das der Teig nicht aufnehmen kann, noch etwas Wasser hinzufügen.

4 Der Teig kann sofort weiterverarbeitet werden. Aus dem Teig ein Brot bzw. Brötchen formen. **Brötchen/Brotlaib ohne Form:** Der Teig darf nicht zu klebrig sein. Brötchen/Brotlaib am besten mit der nassen Hand oder einer nassen Teigkarte formen. **Brotlaib in der Form:** Für das Backen in der Form darf der Teig etwas weicher und klebriger sein. Die Gabel soll aber trotzdem nicht im fertigen Teig umfallen.

5 Das Gebäck zuerst mit Wasser und dann eventuell mit Ei oder Milch bestreichen und nach Belieben bestreuen.

6 Das Blech mitsamt dem Gebäck in den kalten oder max. auf 30 °C vorgeheizten Backofen auf die unterste oder zweite Einschubleiste schieben. So lange rasten lassen, bis der geformte Teig schön aufgegangen ist. Das dauert ca. 15 bis 30 Minuten.

7 Den Ofen auf ca. 180 °C Heißluft, 200 °C Unter/Oberhitze oder die Brotbackstufe einstellen. Die Teiglinge können während der Aufheizzeit im Ofen bleiben. **Brötchen** sind in 25 bis 35 Minuten fertig gebacken (gerechnet ab dem Zeitpunkt, ab dem der Ofen heiß ist). Ein **Brotlaib** muss für 45 bis 60 Minuten in den Backofen. Das Gebäck so lange backen, bis es eine schöne Farbe annimmt und beim Klopfen auf die Unterseite hohl klingt.

8 Das Gebäck nach dem Backen sofort vom Blech oder aus der Form nehmen und auf einem Gitter auskühlen lassen, damit die Kruste knusprig bleibt.

Waldstauden-Hirse-Gebäck

- vegan
- vegetarisch
- eifrei, wenn ohne Ei bestrichen
- milchfrei, wenn ohne Milch bestrichen

Kcal: 966.55, Eiweiß (g): 34.07, Fett (g): 7.53, KH (g): 187.47, BE: 15.62

ZUTATEN

Für 4 bis 7 Brötchen (je nach gewählter Größe), 1 Kastenform, 1 mittleren Brotlaib oder bei Fladenbrot für ca. ein halbes Backblech. Die Menge kann beliebig reduziert oder vervielfacht werden.

Teig

lauwarmes Wasser
ca. ¼ Würfel frische Hefe (ca. 10 g)
100 g Waldstaudenkorn-Vollkornmehl (alte Roggensorte), ersatzweise Roggen
50 g Hirse-Vollkornmehl
150 g Dinkel-Vollkornmehl, ersatzweise Weizen-, Emmer-, Einkorn- oder Kamut-Vollkornmehl
ca. 5–6 g Salz
ca. 1 EL Brotgewürz oder beliebige andere Gewürze

zum Ausfertigen

Wasser und eventuell beliebige weitere Zutaten zum Bestreichen und Bestreuen

ZUBEREITUNG

1 Ein Backblech vorbereiten. Soll Brot in der Form gebacken werden, diese mit Backpapier auskleiden oder ausfetten und bemehlen.

2 Ca. eine halbe Tasse lauwarmes Wasser in eine große Teigschüssel gießen. Den Hefewürfel in das Wasser setzen und mit einer Gabel verrühren.

3 Die übrigen trockenen Zutaten der Reihe nach in die Schüssel geben und mit der Gabel grob vermengen, damit sich die Gewürze gut im Mehl verteilen. Dann alle Zutaten mit der Gabel verrühren. So viel Wasser untermischen, dass die Gabel im fertigen Teig stehen bleibt und nicht umfällt, sonst ist der Teig zu weich und das Brot wird speckig. Bleibt Mehl in der Schüssel, das der Teig nicht aufnehmen kann, noch etwas Wasser hinzufügen.

4 Der Teig kann sofort weiterverarbeitet werden. Aus dem Teig ein Brot bzw. Brötchen formen. **Brötchen/Brotlaib ohne Form:** Der Teig darf nicht zu klebrig sein. Brötchen/Brotlaib am besten mit der nassen Hand oder einer nassen Teigkarte formen. **Brotlaib in der Form:** Für das Backen in der Form darf der Teig etwas weicher und klebriger sein. Die Gabel soll aber trotzdem nicht im fertigen Teig umfallen.

5 Das Gebäck zuerst mit Wasser und dann eventuell mit Ei oder Milch bestreichen und nach Belieben bestreuen.

6 Das Blech mitsamt dem Gebäck in den kalten oder max. auf 30 °C vorgeheizten Backofen auf die unterste oder zweite Einschubleiste schieben. So lange rasten lassen, bis der geformte Teig schön aufgegangen ist. Das dauert ca. 15 bis 30 Minuten.

7 Den Ofen auf ca. 180 °C Heißluft, 200 °C Unter/Oberhitze oder die Brotbackstufe einstellen. Die Teiglinge können während der Aufheizzeit im Ofen bleiben. **Brötchen** sind in 25 bis 35 Minuten fertig gebacken (gerechnet ab dem Zeitpunkt, ab dem der Ofen heiß ist). Ein **Brotlaib** muss für 45 bis 60 Minuten in den Backofen. Das Gebäck so lange backen, bis es eine schöne Farbe annimmt und beim Klopfen auf die Unterseite hohl klingt.

8 Das Gebäck nach dem Backen sofort vom Blech oder aus der Form nehmen und auf einem Gitter auskühlen lassen, damit die Kruste knusprig bleibt.

Einfaches Pharaonengebäck

- vegan
- vegetarisch
- eifrei, wenn ohne Ei bestrichen
- milchfrei, wenn ohne Milch bestrichen

Kcal: 965.05, Eiweiß (g): 37.75, Fett (g): 6.88, KH (g): 184.84, BE: 15.40

ZUTATEN

Für 4 bis 7 Brötchen (je nach gewählter Größe), 1 Kastenform, 1 mittleren Brotlaib oder bei Fladenbrot für ca. ein halbes Backblech. Die Menge kann beliebig reduziert oder vervielfacht werden.

Teig

lauwarmes Wasser
¼ Würfel frische Hefe (ca. 10 g)
300 g Kamut-Vollkornmehl
ca. 5–6 g Salz
ca. 1 EL Brotgewürz oder beliebige andere Gewürze

zum Ausfertigen

Wasser und eventuell beliebige weitere Zutaten zum Bestreichen und Bestreuen

ZUBEREITUNG

1 Ein Backblech vorbereiten. Soll Brot in der Form gebacken werden, diese mit Backpapier auskleiden oder ausfetten und bemehlen.

2 Ca. eine halbe Tasse lauwarmes Wasser in eine große Teigschüssel gießen. Den Hefewürfel in das Wasser setzen und mit einer Gabel verrühren.

3 Die übrigen trockenen Zutaten der Reihe nach in die Schüssel geben und mit der Gabel grob vermengen, damit sich die Gewürze gut im Mehl verteilen. Dann alle Zutaten mit der Gabel verrühren. So viel Wasser untermischen, dass die Gabel im fertigen Teig stehen bleibt und nicht umfällt, sonst ist der Teig zu weich und das Brot wird speckig. Bleibt Mehl in der Schüssel, das der Teig nicht aufnehmen kann, noch etwas Wasser hinzufügen.

4 Der Teig kann sofort weiterverarbeitet werden. Aus dem Teig ein Brot bzw. Brötchen formen. **Brötchen/Brotlaib ohne Form:** Der Teig darf nicht zu klebrig sein. Brötchen/Brotlaib am besten mit der nassen Hand oder einer nassen Teigkarte formen. **Brotlaib in der Form:** Für das Backen in der Form darf der Teig etwas weicher und klebriger sein. Die Gabel soll aber trotzdem nicht im fertigen Teig umfallen.

5 Das Gebäck zuerst mit Wasser und dann eventuell mit Ei oder Milch bestreichen und nach Belieben bestreuen.

6 Das Blech mitsamt dem Gebäck in den kalten oder max. auf 30 °C vorgeheizten Backofen auf die unterste oder zweite Einschubleiste schieben. So lange rasten lassen, bis der geformte Teig schön aufgegangen ist. Das dauert ca. 15 bis 30 Minuten.

7 Den Ofen auf ca. 180 °C Heißluft, 200 °C Unter/Oberhitze oder die Brotbackstufe einstellen. Die Teiglinge können während der Aufheizzeit im Ofen bleiben. **Brötchen** sind in 25 bis 35 Minuten fertig gebacken (gerechnet ab dem Zeitpunkt, ab dem der Ofen heiß ist). Ein **Brotlaib** muss für 45 bis 60 Minuten in den Backofen. Das Gebäck so lange backen, bis es eine schöne Farbe annimmt und beim Klopfen auf die Unterseite hohl klingt.

8 Das Gebäck nach dem Backen sofort vom Blech oder aus der Form nehmen und auf einem Gitter auskühlen lassen, damit die Kruste knusprig bleibt.

HEUTE

Buchweizen-Einkorngebäck

- vegan
- vegetarisch
- eifrei, wenn ohne Ei bestrichen
- milchfrei, wenn ohne Milch bestrichen

Kcal: 992.05, Eiweiß (g): 35.09, Fett (g): 6.61, KH (g): 194.85, BE: 16.24

ZUTATEN

Für 4 bis 7 Brötchen (je nach gewählter Größe), 1 Kastenform, 1 mittleren Brotlaib oder bei Fladenbrot für ca. ein halbes Backblech. Die Menge kann beliebig reduziert oder vervielfacht werden.

Teig

lauwarmes Wasser
¼ Würfel frische Hefe (ca. 10 g)
200 g Einkorn-Vollkornmehl
100 g Buchweizen-Vollkornmehl
ca. 5–6 g Salz
ca. 1 EL Brotgewürz oder beliebige andere Gewürze

zum Ausfertigen

Wasser und eventuell beliebige weitere Zutaten zum Bestreichen und Bestreuen

ZUBEREITUNG

1 Ein Backblech vorbereiten. Soll Brot in der Form gebacken werden, diese mit Backpapier auskleiden oder ausfetten und bemehlen.

2 Ca. eine halbe Tasse lauwarmes Wasser in eine große Teigschüssel gießen. Den Hefewürfel in das Wasser setzen und mit einer Gabel verrühren.

3 Die übrigen trockenen Zutaten der Reihe nach in die Schüssel geben und mit der Gabel grob vermengen, damit sich die Gewürze gut im Mehl verteilen. Dann alle Zutaten mit der Gabel verrühren. So viel Wasser untermischen, dass die Gabel im fertigen Teig stehen bleibt und nicht umfällt, sonst ist der Teig zu weich und das Brot wird speckig. Bleibt Mehl in der Schüssel, das der Teig nicht aufnehmen kann, noch etwas Wasser hinzufügen.

4 Der Teig kann sofort weiterverarbeitet werden. Aus dem Teig ein Brot bzw. Brötchen formen. **Brötchen/Brotlaib ohne Form:** Der Teig darf nicht zu klebrig sein. Brötchen/Brotlaib am besten mit der nassen Hand oder einer nassen Teigkarte formen. **Brotlaib in der Form:** Für das Backen in der Form darf der Teig etwas weicher und klebriger sein. Die Gabel soll aber trotzdem nicht im fertigen Teig umfallen.

5 Das Gebäck zuerst mit Wasser und dann eventuell mit Ei oder Milch bestreichen und nach Belieben bestreuen.

6 Das Blech mitsamt dem Gebäck in den kalten oder max. auf 30 °C vorgeheizten Backofen auf die unterste oder zweite Einschubleiste schieben. So lange rasten lassen, bis der geformte Teig schön aufgegangen ist. Das dauert ca. 15 bis 30 Minuten.

7 Den Ofen auf ca. 180 °C Heißluft, 200 °C Unter/Oberhitze oder die Brotbackstufe einstellen. Die Teiglinge können während der Aufheizzeit im Ofen bleiben. **Brötchen** sind in 25 bis 35 Minuten fertig gebacken (gerechnet ab dem Zeitpunkt, ab dem der Ofen heiß ist). Ein **Brotlaib** muss für 45 bis 60 Minuten in den Backofen. Das Gebäck so lange backen, bis es eine schöne Farbe annimmt und beim Klopfen auf die Unterseite hohl klingt.

8 Das Gebäck nach dem Backen sofort vom Blech oder aus der Form nehmen und auf einem Gitter auskühlen lassen, damit die Kruste knusprig bleibt.

Grünkerngebäck

- vegan
- vegetarisch
- eifrei, wenn ohne Ei bestrichen
- milchfrei, wenn ohne Milch bestrichen

Kcal: 966.55, Eiweiß (g): 35.41, Fett (g): 7.43, KH (g): 186.49, BE: 15.54

ZUTATEN

Für 4 bis 7 Brötchen (je nach gewählter Größe), 1 Kastenform, 1 mittleren Brotlaib oder bei Fladenbrot für ca. ein halbes Backblech. Die Menge kann beliebig reduziert oder vervielfacht werden.

Teig

lauwarmes Wasser
¼ Würfel frische Hefe (ca. 10 g)
100 g Grünkern-Vollkornmehl
50 g Waldstaudenkorn-Vollkornmehl (alte Roggensorte), ersatzweise Roggen
150 g Dinkel-Vollkornmehl, ersatzweise Weizen-, Emmer-, Einkorn- oder Kamut-Vollkornmehl
ca. 5–6 g Salz
ca. 1 EL Brotgewürz oder beliebige andere Gewürze

zum Ausfertigen

Wasser und eventuell beliebige weitere Zutaten zum Bestreichen und Bestreuen

ZUBEREITUNG

1 Ein Backblech vorbereiten. Soll Brot in der Form gebacken werden, diese mit Backpapier auskleiden oder ausfetten und bemehlen.

2 Ca. eine halbe Tasse lauwarmes Wasser in eine große Teigschüssel gießen. Den Hefewürfel in das Wasser setzen und mit einer Gabel verrühren.

3 Die übrigen trockenen Zutaten der Reihe nach in die Schüssel geben und mit der Gabel grob vermengen, damit sich die Gewürze gut im Mehl verteilen. Dann alle Zutaten mit der Gabel verrühren. So viel Wasser untermischen, dass die Gabel im fertigen Teig stehen bleibt und nicht umfällt, sonst ist der Teig zu weich und das Brot wird speckig. Bleibt Mehl in der Schüssel, das der Teig nicht aufnehmen kann, noch etwas Wasser hinzufügen.

4 Der Teig kann sofort weiterverarbeitet werden. Aus dem Teig ein Brot bzw. Brötchen formen. **Brötchen/Brotlaib ohne Form:** Der Teig darf nicht zu klebrig sein. Brötchen/Brotlaib am besten mit der nassen Hand oder einer nassen Teigkarte formen. **Brotlaib in der Form:** Für das Backen in der Form darf der Teig etwas weicher und klebriger sein. Die Gabel soll aber trotzdem nicht im fertigen Teig umfallen.

5 Das Gebäck zuerst mit Wasser und dann eventuell mit Ei oder Milch bestreichen und nach Belieben bestreuen.

6 Das Blech mitsamt dem Gebäck in den kalten oder max. auf 30 °C vorgeheizten Backofen auf die unterste oder zweite Einschubleiste schieben. So lange rasten lassen, bis der geformte Teig schön aufgegangen ist. Das dauert ca. 15 bis 30 Minuten.

7 Den Ofen auf ca. 180 °C Heißluft, 200 °C Unter/Oberhitze oder die Brotbackstufe einstellen. Die Teiglinge können während der Aufheizzeit im Ofen bleiben. **Brötchen** sind in 25 bis 35 Minuten fertig gebacken (gerechnet ab dem Zeitpunkt, ab dem der Ofen heiß ist). Ein **Brotlaib** muss für 45 bis 60 Minuten in den Backofen. Das Gebäck so lange backen, bis es eine schöne Farbe annimmt und beim Klopfen auf die Unterseite hohl klingt

8 Das Gebäck nach dem Backen sofort vom Blech oder aus der Form nehmen und auf einem Gitter auskühlen lassen, damit die Kruste knusprig bleibt.

Hirse-Buchweizen-Gebäck

- vegan
- vegetarisch
- eifrei, wenn ohne Ei bestrichen
- milchfrei, wenn ohne Milch bestrichen

Kcal: 1019.55, Eiweiß (g): 34.53, Fett (g): 8.64, KH (g): 197.64, BE: 16.47

ZUTATEN

Für 4 bis 7 Brötchen (je nach gewählter Größe), 1 Kastenform, 1 mittleren Brotlaib oder bei Fladenbrot für ca. ein halbes Backblech. Die Menge kann beliebig reduziert oder vervielfacht werden.

Teig

lauwarmes Wasser
¼ Würfel frische Hefe (ca. 10 g)
100 g Hirse-Vollkornmehl
50 g Buchweizen-Vollkornmehl
150 g Dinkel-Vollkornmehl, ersatzweise Weizen-, Emmer-, Einkorn- oder Kamut-Vollkornmehl
ca. 5–6 g Salz
ca. 1 EL Brotgewürz oder beliebige andere Gewürze

zum Ausfertigen

Wasser und eventuell beliebige weitere Zutaten zum Bestreichen und Bestreuen

ZUBEREITUNG

1 Ein Backblech vorbereiten. Soll Brot in der Form gebacken werden, diese mit Backpapier auskleiden oder ausfetten und bemehlen.

2 Ca. eine halbe Tasse lauwarmes Wasser in eine große Teigschüssel gießen. Den Hefewürfel in das Wasser setzen und mit einer Gabel verrühren.

3 Die übrigen trockenen Zutaten der Reihe nach in die Schüssel geben und mit der Gabel grob vermengen, damit sich die Gewürze gut im Mehl verteilen. Dann alle Zutaten mit der Gabel verrühren. So viel Wasser untermischen, dass die Gabel im fertigen Teig stehen bleibt und nicht umfällt, sonst ist der Teig zu weich und das Brot wird speckig. Bleibt Mehl in der Schüssel, das der Teig nicht aufnehmen kann, noch etwas Wasser hinzufügen.

4 Der Teig kann sofort weiterverarbeitet werden. Aus dem Teig ein Brot bzw. Brötchen formen. **Brötchen/Brotlaib ohne Form:** Der Teig darf nicht zu klebrig sein. Brötchen/Brotlaib am besten mit der nassen Hand oder einer nassen Teigkarte formen. **Brotlaib in der Form:** Für das Backen in der Form darf der Teig etwas weicher und klebriger sein. Die Gabel soll aber trotzdem nicht im fertigen Teig umfallen.

5 Das Gebäck zuerst mit Wasser und dann eventuell mit Ei oder Milch bestreichen und nach Belieben bestreuen.

6 Das Blech mitsamt dem Gebäck in den kalten oder max. auf 30 °C vorgeheizten Backofen auf die unterste oder zweite Einschubleiste schieben. So lange rasten lassen, bis der geformte Teig schön aufgegangen ist. Das dauert ca. 15 bis 30 Minuten.

7 Den Ofen auf ca. 180 °C Heißluft, 200 °C Unter/Oberhitze oder die Brotbackstufe einstellen. Die Teiglinge können während der Aufheizzeit im Ofen bleiben. **Brötchen** sind in 25 bis 35 Minuten fertig gebacken (gerechnet ab dem Zeitpunkt, ab dem der Ofen heiß ist). Ein **Brotlaib** muss für 45 bis 60 Minuten in den Backofen. Das Gebäck so lange backen, bis es eine schöne Farbe annimmt und beim Klopfen auf die Unterseite hohl klingt.

8 Das Gebäck nach dem Backen sofort vom Blech oder aus der Form nehmen und auf einem Gitter auskühlen lassen, damit die Kruste knusprig bleibt

Quinoa-Waldstauden-Gebäck

- vegan
- vegetarisch
- eifrei, wenn ohne Ei bestrichen
- milchfrei, wenn ohne Milch bestrichen

Kcal: 968.05, Eiweiß (g): 37.92, Fett (g): 8.23, KH (g): 182.97, BE: 16.14

ZUTATEN

Für 4 bis 7 Brötchen (je nach gewählter Größe), 1 Kastenform, 1 mittleren Brotlaib oder bei Fladenbrot für ca. ein halbes Backblech. Die Menge kann beliebig reduziert oder vervielfacht werden.

Teig

lauwarmes Wasser
¼ Würfel frische Hefe (ca. 10 g)
50 g Quinoa-Vollkornmehl
50 g Waldstaudenkorn-Vollkornmehl (alte Roggensorte), ersatzweise Roggen
200 g Weizenvollkornmehl, ersatzweise Dinkel-, Emmer-, Einkorn- oder Kamut-Vollkornmehl
ca. 5–6 g Salz
ca. 1 EL Brotgewürz oder beliebige andere Gewürze

zum Ausfertigen

Wasser und eventuell beliebige weitere Zutaten zum Bestreichen und Bestreuen

ZUBEREITUNG

1 Ein Backblech vorbereiten. Soll Brot in der Form gebacken werden, diese mit Backpapier auskleiden oder ausfetten und bemehlen.

2 Ca. eine halbe Tasse lauwarmes Wasser in eine große Teigschüssel gießen. Den Hefewürfel in das Wasser setzen und mit einer Gabel verrühren.

3 Die übrigen trockenen Zutaten der Reihe nach in die Schüssel geben und mit der Gabel grob vermengen, damit sich die Gewürze gut im Mehl verteilen. Dann alle Zutaten mit der Gabel verrühren. So viel Wasser untermischen, dass die Gabel im fertigen Teig stehen bleibt und nicht umfällt, sonst ist der Teig zu weich und das Brot wird speckig. Bleibt Mehl in der Schüssel, das der Teig nicht aufnehmen kann, noch etwas Wasser hinzufügen.

4 Der Teig kann sofort weiterverarbeitet werden. Aus dem Teig ein Brot bzw. Brötchen formen. **Brötchen/Brotlaib ohne Form:** Der Teig darf nicht zu klebrig sein. Brötchen/Brotlaib am besten mit der nassen Hand oder einer nassen Teigkarte formen. **Brotlaib in der Form:** Für das Backen in der Form darf der Teig etwas weicher und klebriger sein. Die Gabel soll aber trotzdem nicht im fertigen Teig umfallen.

5 Das Gebäck zuerst mit Wasser und dann eventuell mit Ei oder Milch bestreichen und nach Belieben bestreuen.

6 Das Blech mitsamt dem Gebäck in den kalten oder max. auf 30 °C vorgeheizten Backofen auf die unterste oder zweite Einschubleiste schieben. So lange rasten lassen, bis der geformte Teig schön aufgegangen ist. Das dauert ca. 15 bis 30 Minuten.

7 Den Ofen auf ca. 180 °C Heißluft, 200 °C Unter/Oberhitze oder die Brotbackstufe einstellen. Die Teiglinge können während der Aufheizzeit im Ofen bleiben. **Brötchen** sind in 25 bis 35 Minuten fertig gebacken (gerechnet ab dem Zeitpunkt, ab dem der Ofen heiß ist). Ein **Brotlaib** muss für 45 bis 60 Minuten in den Backofen. Das Gebäck so lange backen, bis es eine schöne Farbe annimmt und beim Klopfen auf die Unterseite hohl klingt.

8 Das Gebäck nach dem Backen sofort vom Blech oder aus der Form nehmen und auf einem Gitter auskühlen lassen, damit die Kruste knusprig bleibt.

Hirseflocken-Einkorngebäck

- vegan
- vegetarisch
- eifrei, wenn ohne Ei bestrichen
- milchfrei, wenn ohne Milch bestrichen

Kcal: 985.55, Eiweiß (g): 36.80, Fett (g): 7.83, KH (g): 188.74, BE: 15.73

ZUTATEN

Für 4 bis 7 Brötchen (je nach gewählter Größe), 1 Kastenform, 1 mittleren Brotlaib oder bei Fladenbrot für ca. ein halbes Backblech. Die Menge kann beliebig reduziert oder vervielfacht werden.

Teig

lauwarmes Wasser
ca. ¼ Würfel frische Hefe (ca. 10 g)
250 g Einkorn-Vollkornmehl
50 g Hirseflocken
ca. 5–6 g Salz
ca. 1 EL Brotgewürz oder beliebige andere Gewürze

zum Ausfertigen

Wasser und eventuell beliebige weitere Zutaten zum Bestreichen und Bestreuen

ZUBEREITUNG

1 Ein Backblech vorbereiten. Soll Brot in der Form gebacken werden, diese mit Backpapier auskleiden oder ausfetten und bemehlen.

2 Ca. eine halbe Tasse lauwarmes Wasser in eine große Teigschüssel gießen. Den Hefewürfel in das Wasser setzen und mit einer Gabel verrühren.

3 Die übrigen trockenen Zutaten der Reihe nach in die Schüssel geben und mit der Gabel grob vermengen, damit sich die Gewürze gut im Mehl verteilen. Dann alle Zutaten mit der Gabel verrühren. So viel Wasser untermischen, dass die Gabel im fertigen Teig stehen bleibt und nicht umfällt, sonst ist der Teig zu weich und das Brot wird speckig. Bleibt Mehl in der Schüssel, das der Teig nicht aufnehmen kann, noch etwas Wasser hinzufügen.

4 Der Teig kann sofort weiterverarbeitet werden. Aus dem Teig ein Brot bzw. Brötchen formen. **Brötchen/Brotlaib ohne Form:** Der Teig darf nicht zu klebrig sein. Brötchen/Brotlaib am besten mit der nassen Hand oder einer nassen Teigkarte formen. **Brotlaib in der Form:** Für das Backen in der Form darf der Teig etwas weicher und klebriger sein. Die Gabel soll aber trotzdem nicht im fertigen Teig umfallen.

5 Das Gebäck zuerst mit Wasser und dann eventuell mit Ei oder Milch bestreichen und nach Belieben bestreuen.

6 Das Blech mitsamt dem Gebäck in den kalten oder max. auf 30 °C vorgeheizten Backofen auf die unterste oder zweite Einschubleiste schieben. So lange rasten lassen, bis der geformte Teig schön aufgegangen ist. Das dauert ca. 15 bis 30 Minuten.

7 Den Ofen auf ca. 180 °C Heißluft, 200 °C Unter/Oberhitze oder die Brotbackstufe einstellen. Die Teiglinge können während der Aufheizzeit im Ofen bleiben. **Brötchen** sind in 25 bis 35 Minuten fertig gebacken (gerechnet ab dem Zeitpunkt, ab dem der Ofen heiß ist). Ein **Brotlaib** muss für 45 bis 60 Minuten in den Backofen. Das Gebäck so lange backen, bis es eine schöne Farbe annimmt und beim Klopfen auf die Unterseite hohl klingt.

8 Das Gebäck nach dem Backen sofort vom Blech oder aus der Form nehmen und auf einem Gitter auskühlen lassen, damit die Kruste knusprig bleibt.

Roggen-Mischgebäck

- vegan
- vegetarisch
- eifrei, wenn ohne Ei bestrichen
- milchfrei, wenn ohne Milch bestrichen

Kcal: 789.55, Eiweiß (g): 29.15, Fett (g): 5.58, KH (g): 153.09, BE: 12.75

ZUTATEN

Für 3 bis 6 Brötchen (je nach gewählter Größe), 1 kleine Kastenform, 1 kleinen Brotlaib oder bei Fladenbrot für ca. ein halbes Backblech. Die Menge kann beliebig reduziert oder vervielfacht werden.

Teig

lauwarmes Wasser
¼ Würfel frische Hefe (ca. 10 g)
150 g Weizenvollkornmehl, ersatzweise Dinkel-, Emmer-, Einkorn- oder Kamut-Vollkornmehl
100 g Roggenvollkornmehl, ersatzweise Waldstaudenkorn-Vollkornmehl
ca. 4–5 g Salz
ca. 1 EL Brotgewürz oder beliebige andere Gewürze

zum Ausfertigen

Wasser und eventuell beliebige weitere Zutaten zum Bestreichen und Bestreuen

ZUBEREITUNG

1 Ein Backblech vorbereiten. Soll Brot in der Form gebacken werden, diese mit Backpapier auskleiden oder ausfetten und bemehlen.

2 Ca. eine halbe Tasse lauwarmes Wasser in eine große Teigschüssel gießen. Den Hefewürfel in das Wasser setzen und mit einer Gabel verrühren.

3 Die übrigen trockenen Zutaten der Reihe nach in die Schüssel geben und mit der Gabel grob vermengen, damit sich die Gewürze gut im Mehl verteilen. Dann alle Zutaten mit der Gabel verrühren. So viel Wasser untermischen, dass die Gabel im fertigen Teig stehen bleibt und nicht umfällt, sonst ist der Teig zu weich und das Brot wird speckig. Bleibt Mehl in der Schüssel, das der Teig nicht aufnehmen kann, noch etwas Wasser hinzufügen.

4 Der Teig kann sofort weiterverarbeitet werden. Aus dem Teig ein Brot bzw. Brötchen formen. **Brötchen/Brotlaib ohne Form:** Der Teig darf nicht zu klebrig sein. Brötchen/Brotlaib am besten mit der nassen Hand oder einer nassen Teigkarte formen. **Brotlaib in der Form:** Für das Backen in der Form darf der Teig etwas weicher und klebriger sein. Die Gabel soll aber trotzdem nicht im fertigen Teig umfallen.

5 Das Gebäck zuerst mit Wasser und dann eventuell mit Ei oder Milch bestreichen und nach Belieben bestreuen.

6 Das Blech mitsamt dem Gebäck in den kalten oder max. auf 30 °C vorgeheizten Backofen auf die unterste oder zweite Einschubleiste schieben. So lange rasten lassen, bis der geformte Teig schön aufgegangen ist. Das dauert ca. 15 bis 30 Minuten.

7 Den Ofen auf ca. 180 °C Heißluft, 200 °C Unter/Oberhitze oder die Brotbackstufe einstellen. Die Teiglinge können während der Aufheizzeit im Ofen bleiben. **Brötchen** sind in 25 bis 35 Minuten fertig gebacken (gerechnet ab dem Zeitpunkt, ab dem der Ofen heiß ist). Ein **Brotlaib** muss für 45 bis 60 Minuten in den Backofen. Das Gebäck so lange backen, bis es eine schöne Farbe annimmt und beim Klopfen auf die Unterseite hohl klingt.

8 Das Gebäck nach dem Backen sofort vom Blech oder aus der Form nehmen und auf einem Gitter auskühlen lassen, damit die Kruste knusprig bleibt.

Körner-Flocken-Saatengebäck

vegetarisch
eifrei, wenn ohne Ei bestrichen

Kcal: 1203.42, Eiweiß (g): 52.30, Fett (g): 37.52, KH (g): 162.28, BE: 13.51 (beliebiges Getreidekorn: berechnet mit Roggen)

ZUTATEN

Für 5 bis 8 Brötchen (je nach gewählter Größe), 1 Kastenform, 1 mittleren Brotlaib oder bei Fladenbrot für ca. ein halbes Backblech. Die Menge kann beliebig reduziert oder vervielfacht werden.

Teig

- lauwarmes Wasser
- ⅓ Würfel frische Hefe (ca. 14 g)
- 150 g Weizenvollkornmehl, ersatzweise Dinkel-, Emmer-, Einkorn- oder Kamut-Vollkornmehl
- 50 g kleinblättrige beliebige Flocken, zum Beispiel Hafer- oder Hirseflocken
- 50 g beliebiger Getreideschrot mit feiner Körnung (wie Grieß), zum Beispiel Roggenschrot
- 50 g Leinsamen
- 25 g Sesam
- 25 g Sonnenblumenkerne
- ca. 4–5 g Salz
- ca. 1 EL Brotgewürz oder beliebige andere Gewürze
- 120 g Buttermilch, ersatzweise Sauermilch oder Acidophilusmilch

zum Ausfertigen

Wasser und eventuell beliebige weitere Zutaten zum Bestreichen und Bestreuen

ZUBEREITUNG

1 Ein Backblech vorbereiten. Soll Brot in der Form gebacken werden, diese mit Backpapier auskleiden oder ausfetten und bemehlen.

2 Ca. eine halbe Tasse lauwarmes Wasser in eine große Teigschüssel gießen. Den Hefewürfel in das Wasser setzen und mit einer Gabel verrühren.

3 Die übrigen trockenen Zutaten der Reihe nach in die Schüssel geben und mit der Gabel grob vermengen, damit sich die Gewürze gut im Mehl verteilen. Dann die Buttermilch hinzufügen und alle Zutaten mit der Gabel verrühren. So viel Wasser untermischen, dass die Gabel im fertigen Teig stehen bleibt und nicht umfällt, sonst ist der Teig zu weich und das Brot wird speckig. Bleibt Mehl in der Schüssel, das der Teig nicht aufnehmen kann, noch etwas Wasser hinzufügen.

4 Der Teig kann sofort weiterverarbeitet werden. Aus dem Teig ein Brot bzw. Brötchen formen. **Brötchen/Brotlaib ohne Form:** Der Teig darf nicht zu klebrig sein. Brötchen/Brotlaib am besten mit der nassen Hand oder einer nassen Teigkarte formen. **Brotlaib in der Form:** Für das Backen in der Form darf der Teig etwas weicher und klebriger sein. Die Gabel soll aber trotzdem nicht im fertigen Teig umfallen.

5 Das Gebäck zuerst mit Wasser und dann eventuell mit Ei oder Milch bestreichen und nach Belieben bestreuen.

6 Das Blech mitsamt dem Gebäck in den kalten oder max. auf 30 °C vorgeheizten Backofen auf die unterste oder zweite Einschubleiste schieben. So lange rasten lassen, bis der geformte Teig schön aufgegangen ist. Das dauert ca. 15 bis 30 Minuten.

7 Den Ofen auf ca. 180 °C Heißluft, 200 °C Unter/Oberhitze oder die Brotbackstufe einstellen. Die Teiglinge können während der Aufheizzeit im Ofen bleiben. **Brötchen** sind in 25 bis 35 Minuten fertig gebacken (gerechnet ab dem Zeitpunkt, ab dem der Ofen heiß ist). Ein **Brotlaib** muss für 45 bis 60 Minuten in den Backofen. Das Gebäck so lange backen, bis es eine schöne Farbe annimmt und beim Klopfen auf die Unterseite hohl klingt.

8 Das Gebäck nach dem Backen sofort vom Blech oder aus der Form nehmen und auf einem Gitter auskühlen lassen, damit die Kruste knusprig bleibt.

Tipp

Für die pikante Variante mischen Sie noch 3 bis 4 EL gehackte Oliven, 3 Msp. Thymian und 2 bis 3 klein gehackte Knoblauchzehen in den Teig.

Walnussgebäck

vegetarisch
eifrei, wenn ohne Ei bestrichen

Kcal: 1183.87, Eiweiß (g): 43.45, Fett (g): 37.92, KH (g): 164.45, BE: 13.82

ZUTATEN

Für 5 bis 8 Brötchen (je nach gewählter Größe), 1 Kastenform, 1 mittleren Brotlaib oder bei Fladenbrot für ca. ein halbes Backblech. Die Menge kann beliebig reduziert oder vervielfacht werden.

Teig

lauwarmes Wasser
⅓ Würfel frische Hefe (ca. 14 g)
250 g Weizenvollkornmehl, ersatzweise Dinkel-, Emmer-, Einkorn- oder Kamut-Vollkornmehl
ca. 50 g grob gehackte Walnüsse
ca. 4–5 g Salz
ca. 1 EL Brotgewürz oder beliebige andere Gewürze
100 g Buttermilch, ersatzweise Sauermilch oder Acidophilusmilch
ev. 1–2 EL Walnussöl (8–16 g)

zum Ausfertigen

Wasser und eventuell beliebige weitere Zutaten zum Bestreichen und Bestreuen

ZUBEREITUNG

1 Ein Backblech vorbereiten. Soll Brot in der Form gebacken werden, diese mit Backpapier auskleiden oder ausfetten und bemehlen.

2 Ca. eine halbe Tasse lauwarmes Wasser in eine große Teigschüssel gießen. Den Hefewürfel in das Wasser setzen und mit einer Gabel verrühren.

3 Die übrigen trockenen Zutaten der Reihe nach in die Schüssel geben und mit der Gabel grob vermengen, damit sich die Gewürze gut im Mehl verteilen. Anschließend alle Zutaten, inklusive Buttermilch und ev. Öl, mit der Gabel verrühren und so viel Wasser untermischen, dass die Gabel im fertigen Teig stehen bleibt und nicht umfällt, sonst ist der Teig zu weich und das Brot wird speckig. Bleibt Mehl in der Schüssel, das der Teig nicht aufnehmen kann, noch etwas Wasser hinzufügen.

4 Der Teig kann sofort weiterverarbeitet werden. Aus dem Teig ein Brot bzw. Brötchen formen. **Brötchen/Brotlaib ohne Form:** Der Teig darf nicht zu klebrig sein. Brötchen/Brotlaib am besten mit der nassen Hand oder einer nassen Teigkarte formen. **Brotlaib in der Form:** Für das Backen in der Form darf der Teig etwas weicher und klebriger sein. Die Gabel soll aber trotzdem nicht im fertigen Teig umfallen.

5 Das Gebäck zuerst mit Wasser und dann eventuell mit Ei oder Milch bestreichen und nach Belieben bestreuen.

6 Das Blech mitsamt dem Gebäck in den kalten oder max. auf 30 °C vorgeheizten Backofen auf die unterste oder zweite Einschubleiste schieben. So lange rasten lassen, bis der geformte Teig schön aufgegangen ist. Das dauert ca. 15 bis 30 Minuten.

7 Den Ofen auf ca. 180 °C Heißluft, 200 °C Unter/Oberhitze oder die Brotbackstufe einstellen. Die Teiglinge können während der Aufheizzeit im Ofen bleiben. **Brötchen** sind in 25 bis 35 Minuten fertig gebacken (gerechnet ab dem Zeitpunkt, ab dem der Ofen heiß ist). Ein **Brotlaib** muss für 45 bis 60 Minuten in den Backofen. Das Gebäck so lange backen, bis es eine schöne Farbe annimmt und beim Klopfen auf die Unterseite hohl klingt.

8 Das Gebäck nach dem Backen sofort vom Blech oder aus der Form nehmen und auf einem Gitter auskühlen lassen, damit die Kruste knusprig bleibt.

Sesamgebäck

vegetarisch
eifrei, wenn ohne Ei bestrichen

Kcal: 1064.97, Eiweiß (g): 41.67, Fett (g): 26.93, KH (g): 161.85, BE: 13.48

ZUTATEN

Für 3 bis 6 Brötchen (je nach gewählter Größe), 1 kleine Kastenform, 1 kleinen Brotlaib oder bei Fladenbrot für gut ein Drittel eines Backblechs. Die Menge kann beliebig reduziert oder vervielfacht werden.

Teig

lauwarmes Wasser
⅓ Würfel frische Hefe (ca. 14 g)
200 g Weizenvollkornmehl, ersatzweise Dinkel-, Emmer-, Einkorn- oder Kamut-Vollkornmehl
50 g Roggenvollkornmehl, ersatzweise Waldstaudenkorn-Vollkornmehl
40 g Sesam
ca. 4–5 g Salz
ca. 1 EL Brotgewürz oder beliebige andere Gewürze
100 g Buttermilch, ersatzweise Sauermilch oder Acidophilusmilch
ev. 1–2 EL Sesamöl (8–16 g)

zum Ausfertigen

Wasser und eventuell beliebige weitere Zutaten zum Bestreichen und Bestreuen

ZUBEREITUNG

1 Ein Backblech vorbereiten. Soll Brot in der Form gebacken werden, diese mit Backpapier auskleiden oder ausfetten und bemehlen.

2 Ca. eine halbe Tasse lauwarmes Wasser in eine große Teigschüssel gießen. Den Hefewürfel in das Wasser setzen und mit einer Gabel verrühren.

3 Die übrigen trockenen Zutaten der Reihe nach in die Schüssel geben und mit der Gabel grob vermengen, damit sich die Gewürze gut im Mehl verteilen. Anschließend alle Zutaten, inklusive Buttermilch und ev. Öl, mit der Gabel verrühren und so viel Wasser untermischen, dass die Gabel im fertigen Teig stehen bleibt und nicht umfällt, sonst ist der Teig zu weich und das Brot wird speckig. Bleibt Mehl in der Schüssel, das der Teig nicht aufnehmen kann, noch etwas Wasser hinzufügen.

4 Der Teig kann sofort weiterverarbeitet werden. Aus dem Teig ein Brot bzw. Brötchen formen. **Brötchen/Brotlaib ohne Form:** Der Teig darf nicht zu klebrig sein. Brötchen/Brotlaib am besten mit der nassen Hand oder einer nassen Teigkarte formen. **Brotlaib in der Form:** Für das Backen in der Form darf der Teig etwas weicher und klebriger sein. Die Gabel soll aber trotzdem nicht im fertigen Teig umfallen.

5 Das Gebäck zuerst mit Wasser und dann eventuell mit Ei oder Milch bestreichen und nach Belieben bestreuen.

6 Das Blech mitsamt dem Gebäck in den kalten oder max. auf 30 °C vorgeheizten Backofen auf die unterste oder zweite Einschubleiste schieben. So lange rasten lassen, bis der geformte Teig schön aufgegangen ist. Das dauert ca. 15 bis 30 Minuten.

7 Den Ofen auf ca. 180 °C Heißluft, 200 °C Unter/Oberhitze oder die Brotbackstufe einstellen. Die Teiglinge können während der Aufheizzeit im Ofen bleiben. **Brötchen** sind in 25 bis 35 Minuten fertig gebacken (gerechnet ab dem Zeitpunkt, ab dem der Ofen heiß ist). Ein **Brotlaib** muss für 45 bis 60 Minuten in den Backofen. Das Gebäck so lange backen, bis es eine schöne Farbe annimmt und beim Klopfen auf die Unterseite hohl klingt.

8 Das Gebäck nach dem Backen sofort vom Blech oder aus der Form nehmen und auf einem Gitter auskühlen lassen, damit die Kruste knusprig bleibt.

Tipp

Wenn Sie die Sesamkörner rösten, schmecken die Brötchen noch viel intensiver nach Sesam.

Tipp

Für die pikante Variante mischen Sie noch folgende Zutaten unter: 1–2 Msp. Chilipulver, 4 Msp. Paprikapulver, eine halbe bis eine klein geschnittene Zwiebel (rot oder weiß)

Erdnuss-Hirse-Gebäck

- vegan
- vegetarisch
- eifrei, wenn ohne Ei bestrichen
- milchfrei, wenn ohne Milch bestrichen

Kcal: 1341.67, Eiweiß (g): 53.31, Fett (g): 37.51, KH (g): 194.42, BE: 16.20

ZUTATEN

Für 5 bis 8 Brötchen (je nach gewählter Größe), 1 Kastenform, 1 mittleren Brotlaib oder bei Fladenbrot für ca. ein halbes Backblech. Die Menge kann beliebig reduziert oder vervielfacht werden.

Teig

lauwarmes Wasser
¼ Würfel frische Hefe (ca. 10 g)
250 g Weizenvollkornmehl, ersatzweise Dinkel-, Emmer-, Einkorn- oder Kamut-Vollkornmehl
50 g Hirseflocken
ca. 60 g gesalzene Erdnüsse, grob gehackt oder als ganze Nüsse
ca. 4–5 g Salz
ca. 1 EL Brotgewürz oder beliebige andere Gewürze

zum Ausfertigen

Wasser und eventuell beliebige weitere Zutaten zum Bestreichen und Bestreuen

ZUBEREITUNG

1 Ein Backblech vorbereiten. Soll Brot in der Form gebacken werden, diese mit Backpapier auskleiden oder ausfetten und bemehlen.

2 Ca. eine halbe Tasse lauwarmes Wasser in eine große Teigschüssel gießen. Den Hefewürfel in das Wasser setzen und mit einer Gabel verrühren.

3 Die übrigen trockenen Zutaten der Reihe nach in die Schüssel geben und mit der Gabel grob vermengen, damit sich die Gewürze gut im Mehl verteilen. Anschließend alle Zutaten mit der Gabel verrühren und so viel Wasser untermischen, dass die Gabel im fertigen Teig stehen bleibt und nicht umfällt, sonst ist der Teig zu weich und das Brot wird speckig. Bleibt Mehl in der Schüssel, das der Teig nicht aufnehmen kann, noch etwas Wasser hinzufügen.

4 Der Teig kann sofort weiterverarbeitet werden. Aus dem Teig ein Brot bzw. Brötchen formen. **Brötchen/Brotlaib ohne Form:** Der Teig darf nicht zu klebrig sein. Brötchen/Brotlaib am besten mit der nassen Hand oder einer nassen Teigkarte formen. **Brotlaib in der Form:** Für das Backen in der Form darf der Teig etwas weicher und klebriger sein. Die Gabel soll aber trotzdem nicht im fertigen Teig umfallen.

5 Das Gebäck zuerst mit Wasser und dann eventuell mit Ei oder Milch bestreichen und nach Belieben bestreuen.

6 Das Blech mitsamt dem Gebäck in den kalten oder max. auf 30 °C vorgeheizten Backofen auf die unterste oder zweite Einschubleiste schieben. So lange rasten lassen, bis der geformte Teig schön aufgegangen ist. Das dauert ca. 15 bis 30 Minuten.

7 Den Ofen auf ca. 180 °C Heißluft, 200 °C Unter/Oberhitze oder die Brotbackstufe einstellen. Die Teiglinge können während der Aufheizzeit im Ofen bleiben. **Brötchen** sind in 25 bis 35 Minuten fertig gebacken (gerechnet ab dem Zeitpunkt, ab dem der Ofen heiß ist). Ein **Brotlaib** muss für 45 bis 60 Minuten in den Backofen. Das Gebäck so lange backen, bis es eine schöne Farbe annimmt und beim Klopfen auf die Unterseite hohl klingt.

8 Das Gebäck nach dem Backen sofort vom Blech oder aus der Form nehmen und auf einem Gitter auskühlen lassen, damit die Kruste knusprig bleibt.

Quark-Haselnuss-Karotten-Gebäck

- vegetarisch
- eifrei, wenn ohne Ei bestrichen

Kcal: 1386.77, Eiweiß (g): 54.69, Fett (g): 38.69, KH (g): 201.60, BE: 16.97

ZUTATEN

Für 5 bis 8 Brötchen (je nach gewählter Größe), 1 Kastenform, 1 mittleren Brotlaib oder bei Fladenbrot für ca. ein halbes Backblech. Die Menge kann beliebig reduziert oder vervielfacht werden.

Teig

ca. 80 g Karotten, fein raspeln (ob ein paar Gramm mehr oder weniger spielt keine Rolle)
ca. 80 g Magerquark (Magertopfen)
250 g Weizenvollkornmehl, ersatzweise Dinkel-, Emmer-, Einkorn- oder Kamut-Vollkornmehl
50 g Haselnüsse, ganz oder gehackt, wenn möglich geröstet
ca. 4–5 g Salz
ca. 1 EL Brotgewürz oder beliebige andere Gewürze
⅓ Würfel frische Hefe (ca. 14 g)
lauwarmes Wasser

zum Ausfertigen

Wasser und eventuell beliebige weitere Zutaten zum Bestreichen und Bestreuen

ZUBEREITUNG

1 Ein Backblech vorbereiten. Soll Brot in der Form gebacken werden, diese mit Backpapier auskleiden oder ausfetten und bemehlen.

2 Die Karotten in eine Schüssel raspeln und den Quark (Topfen) hinzufügen. Alles mit einer Gabel verrühren. Dann die trockenen Zutaten in die Schüssel geben und diese nur kurz mit einer Gabel vermengen.

3 Am Schüsselrand in die trockenen Zutaten eine Grube drücken. Die Hefe im Ganzen hineinsetzen und ca. eine halbe kleine Tasse lauwarmes Wasser darüber leeren. Mithilfe der Gabel die Hefe immer wieder gegen den Schüsselrand drücken, bis sie sich aufgelöst hat.

4 Sobald die Hefe flüssig ist, alle Zutaten mit der Gabel vermengen. So viel lauwarmes Wasser untermischen, dass die Gabel im fertigen Teig stehen bleibt und nicht umfällt. Fällt die Gabel um, ist der Teig zu weich und das Brot wird speckig. Ist noch Mehl in der Schüssel, das der Teig nicht aufnehmen kann, noch etwas Wasser hinzufügen.

5 Der Teig kann sofort weiterverarbeitet werden. Aus dem Teig ein Brot bzw. Brötchen formen. **Brötchen/Brotlaib ohne Form:** Der Teig darf nicht zu klebrig sein. Brötchen/Brotlaib am besten mit der nassen Hand oder einer nassen Teigkarte formen. **Brotlaib in der Form:** Für das Backen in der Form darf der Teig etwas weicher und klebriger sein. Die Gabel soll aber trotzdem nicht im fertigen Teig umfallen.

6 Das Gebäck zuerst mit Wasser und dann eventuell mit Ei oder Milch bestreichen und nach Belieben bestreuen.

7 Das Blech mitsamt dem Gebäck in den kalten oder max. auf 30 °C vorgeheizten Backofen auf die unterste oder zweite Einschubleiste schieben. So lange rasten lassen, bis der geformte Teig schön aufgegangen ist. Das dauert ca. 15 bis 30 Minuten.

8 Den Ofen auf ca. 180 °C Heißluft, 200 °C Unter/Oberhitze oder die Brotbackstufe einstellen. Die Teiglinge können während der Aufheizzeit im Ofen bleiben. **Brötchen** sind in 25 bis 35 Minuten fertig gebacken (gerechnet ab dem Zeitpunkt, ab dem der Ofen heiß ist). Ein **Brotlaib** muss für 45 bis 60 Minuten in den Backofen. Das Gebäck so lange backen, bis es eine schöne Farbe annimmt und beim Klopfen auf die Unterseite hohl klingt.

9 Das Gebäck nach dem Backen sofort vom Blech oder aus der Form nehmen und auf einem Gitter auskühlen lassen, damit die Kruste knusprig bleibt.

Hirsegebäck

- vegan
- vegetarisch
- eifrei, wenn ohne Ei bestrichen
- milchfrei, wenn ohne Milch bestrichen

Kcal: 1006.05, Eiweiß (g): 35.86, Fett (g): 8.78, KH (g): 192.63, BE: 16.05

ZUTATEN

Für 5 bis 8 Brötchen (je nach gewählter Größe), 1 Kastenform, 1 mittleren Brotlaib oder bei Fladenbrot für ca. ein halbes Backblech. Die Menge kann beliebig reduziert oder vervielfacht werden.

Teig

lauwarmes Wasser
¼ Würfel frische Hefe (ca. 10 g)
200 g Weizenvollkornmehl, ersatzweise Dinkel-, Emmer-, Einkorn- oder Kamut-Vollkornmehl
100 g Hirseflocken oder Hirsemehl
ca. 5–6 g Salz
ca. 1 EL Brotgewürz oder beliebige andere Gewürze

zum Ausfertigen

Wasser und eventuell beliebige weitere Zutaten zum Bestreichen und Bestreuen

ZUBEREITUNG

1 Ein Backblech vorbereiten. Soll Brot in der Form gebacken werden, diese mit Backpapier auskleiden oder ausfetten und bemehlen.

2 Ca. eine halbe Tasse lauwarmes Wasser in eine große Teigschüssel gießen. Den Hefewürfel in das Wasser setzen und mit einer Gabel verrühren.

3 Die übrigen trockenen Zutaten der Reihe nach in die Schüssel geben und mit der Gabel grob vermengen, damit sich die Gewürze gut im Mehl verteilen. Anschließend alle Zutaten mit der Gabel verrühren und so viel Wasser untermischen, dass die Gabel im fertigen Teig stehen bleibt und nicht umfällt, sonst ist der Teig zu weich und das Brot wird speckig. Bleibt Mehl in der Schüssel, das der Teig nicht aufnehmen kann, noch etwas Wasser hinzufügen.

4 Der Teig kann sofort weiterverarbeitet werden. Aus dem Teig ein Brot bzw. Brötchen formen. **Brötchen/Brotlaib ohne Form:** Der Teig darf nicht zu klebrig sein. Brötchen/Brotlaib am besten mit der nassen Hand oder einer nassen Teigkarte formen. **Brotlaib in der Form:** Für das Backen in der Form darf der Teig etwas weicher und klebriger sein. Die Gabel soll aber trotzdem nicht im fertigen Teig umfallen.

5 Das Gebäck zuerst mit Wasser und dann eventuell mit Ei oder Milch bestreichen und nach Belieben bestreuen.

6 Das Blech mitsamt dem Gebäck in den kalten oder max. auf 30 °C vorgeheizten Backofen auf die unterste oder zweite Einschubleiste schieben. So lange rasten lassen, bis der geformte Teig schön aufgegangen ist. Das dauert ca. 15 bis 30 Minuten.

7 Den Ofen auf ca. 180 °C Heißluft, 200 °C Unter/Oberhitze oder die Brotbackstufe einstellen. Die Teiglinge können während der Aufheizzeit im Ofen bleiben. **Brötchen** sind in 25 bis 35 Minuten fertig gebacken (gerechnet ab dem Zeitpunkt, ab dem der Ofen heiß ist). Ein **Brotlaib** muss für 45 bis 60 Minuten in den Backofen. Das Gebäck so lange backen, bis es eine schöne Farbe annimmt und beim Klopfen auf die Unterseite hohl klingt.

8 Das Gebäck nach dem Backen sofort vom Blech oder aus der Form nehmen und auf einem Gitter auskühlen lassen, damit die Kruste knusprig bleibt.

Joghurt-Kartoffel-Gebäck

Tipp

Dieses Rezept eignet sich ideal als Resteverwertung für übrig gebliebene Kartoffeln. Die Menge kann dabei von 50 g bis 150 g variiert werden.

vegetarisch
eifrei, wenn ohne Ei bestrichen

Kcal: 1129.87, Eiweiß (g): 45.37, Fett (g): 12.27, KH (g): 205.69, BE: 17.42

ZUTATEN

Für 5 bis 8 Brötchen (je nach gewählter Größe), 1 Kastenform, 1 mittleren Brotlaib oder bei Fladenbrot für ca. ein halbes Backblech. Die Menge kann beliebig reduziert oder vervielfacht werden.

Teig

ca. 100 g gekochte mehlige Kartoffeln
150 g Naturjoghurt
300 g Weizenvollkornmehl, ersatzweise Dinkel-, Emmer-, Einkorn- oder Kamut-Vollkornmehl
ca. 5–7 g Salz
ca. 1 EL Brotgewürz oder beliebige andere Gewürze
⅓ Würfel frische Hefe (ca. 14 g)
lauwarmes Wasser

zum Ausfertigen

Wasser und eventuell beliebige weitere Zutaten zum Bestreichen und Bestreuen

ZUBEREITUNG

1 Ein Backblech vorbereiten. Soll Brot in der Form gebacken werden, diese mit Backpapier auskleiden oder ausfetten und bemehlen.

2 Die Kartoffeln in eine Schüssel reiben oder pressen, den Joghurt hinzufügen und verrühren. Die trockenen Zutaten darüber verteilen und diese kurz mit einer Gabel vermengen.

3 Am Schüsselrand in die trockenen Zutaten eine Grube drücken. Die Hefe im Ganzen hineinsetzen und ca. eine halbe kleine Tasse lauwarmes Wasser darüber leeren. Mithilfe der Gabel die Hefe immer wieder gegen den Schüsselrand drücken, bis sie sich aufgelöst hat.

4 Sobald die Hefe flüssig ist, alle Zutaten mit der Gabel vermengen. So viel lauwarmes Wasser untermischen, dass die Gabel im fertigen Teig stehen bleibt und nicht umfällt. Fällt die Gabel um, ist der Teig zu weich und das Brot wird speckig. Ist noch Mehl in der Schüssel, das der Teig nicht aufnehmen kann, noch etwas Wasser hinzufügen.

5 Der Teig kann sofort weiterverarbeitet werden. Aus dem Teig ein Brot bzw. Brötchen formen. **Brötchen/Brotlaib ohne Form:** Der Teig darf nicht zu klebrig sein. Brötchen/Brotlaib am besten mit der nassen Hand oder einer nassen Teigkarte formen. **Brotlaib in der Form:** Für das Backen in der Form darf der Teig etwas weicher und klebriger sein. Die Gabel soll aber trotzdem nicht im fertigen Teig umfallen.

6 Das Gebäck zuerst mit Wasser und dann eventuell mit Ei oder Milch bestreichen und nach Belieben bestreuen.

7 Das Blech mitsamt dem Gebäck in den kalten oder max. auf 30 °C vorgeheizten Backofen auf die unterste oder zweite Einschubleiste schieben. So lange rasten lassen, bis der geformte Teig schön aufgegangen ist. Das dauert ca. 15 bis 30 Minuten.

8 Den Ofen auf ca. 180 °C Heißluft, 200 °C Unter/Oberhitze oder die Brotbackstufe einstellen. Die Teiglinge können während der Aufheizzeit im Ofen bleiben. **Brötchen** sind in 25 bis 35 Minuten fertig gebacken (gerechnet ab dem Zeitpunkt, ab dem der Ofen heiß ist). Ein **Brotlaib** muss für 45 bis 60 Minuten in den Backofen. Das Gebäck so lange backen, bis es eine schöne Farbe annimmt und beim Klopfen auf die Unterseite hohl klingt.

9 Das Gebäck nach dem Backen sofort vom Blech oder aus der Form nehmen und auf einem Gitter auskühlen lassen, damit die Kruste knusprig bleibt.

Kartoffel-Zucchini-Walnussgebäck

Tipp

Dieses Rezept eignet sich ideal als Resteverwertung für übrig gebliebene Kartoffeln.

- vegan
- vegetarisch
- eifrei, wenn ohne Ei bestrichen
- milchfrei, wenn ohne Milch bestrichen

Kcal: 1530.67, Eiweiß (g): 54.21, Fett (g): 48.07, KH (g): 216.70, BE: 18.46

ZUTATEN

Für 5 bis 8 Brötchen (je nach gewählter Größe), 1 Kastenform, 1 mittleren Brotlaib oder bei Fladenbrot für ca. ein halbes Backblech. Die Menge kann beliebig reduziert oder vervielfacht werden.

Teig

ca. 150 g gekochte mehlige Kartoffeln
ca. 50 g Zucchini (ersatzweise Karotten, Rote Rüben oder Sellerie)
300 g Weizenvollkornmehl, ersatzweise Dinkel-, Emmer-, Einkorn- oder Kamut-Vollkornmehl
ca. 50 g Walnüsse, grob gehackt
ca. 20 g Sonnenblumenkerne
ca. 5–7 g Salz
ca. 1 EL Brotgewürz oder beliebige andere Gewürze
⅓ Würfel frische Hefe (ca. 14 g)
lauwarmes Wasser

zum Ausfertigen

Wasser und eventuell beliebige weitere Zutaten zum Bestreichen und Bestreuen

ZUBEREITUNG

1 Die Kartoffeln und die Zucchini in eine Schüssel raspeln und mit einer Gabel verrühren. Nun die trockenen Zutaten hinzufügen und nur diese mit einer Gabel kurz vermengen.

2 Am Schüsselrand in die trockenen Zutaten eine Grube drücken. Die Hefe im Ganzen hineinsetzen und ca. eine halbe kleine Tasse lauwarmes Wasser darüber leeren. Mithilfe der Gabel die Hefe immer wieder gegen den Schüsselrand drücken, bis sie sich aufgelöst hat.

3 Sobald die Hefe flüssig ist, alle Zutaten mit der Gabel vermengen. So viel lauwarmes Wasser untermischen, dass die Gabel im fertigen Teig stehen bleibt und nicht umfällt. Fällt die Gabel um, ist der Teig zu weich und das Brot wird speckig. Ist noch Mehl in der Schüssel, das der Teig nicht aufnehmen kann, noch etwas Wasser hinzufügen.

4 Der Teig kann sofort weiterverarbeitet werden. Aus dem Teig ein Brot bzw. Brötchen formen. **Brötchen/Brotlaib ohne Form:** Der Teig darf nicht zu klebrig sein. Brötchen/Brotlaib am besten mit der nassen Hand oder einer nassen Teigkarte formen. **Brotlaib in der Form:** Für das Backen in der Form darf der Teig etwas weicher und klebriger sein. Die Gabel soll aber trotzdem nicht im fertigen Teig umfallen.

5 Das Gebäck zuerst mit Wasser und dann eventuell mit Ei oder Milch bestreichen und nach Belieben bestreuen.

6 Das Blech mitsamt dem Gebäck in den kalten oder max. auf 30 °C vorgeheizten Backofen auf die unterste oder zweite Einschubleiste schieben. So lange rasten lassen, bis der geformte Teig schön aufgegangen ist. Das dauert ca. 15 bis 30 Minuten.

7 Den Ofen auf ca. 180 °C Heißluft, 200 °C Unter/Oberhitze oder die Brotbackstufe einstellen. Die Teiglinge können während der Aufheizzeit im Ofen bleiben. **Brötchen** sind in 25 bis 35 Minuten fertig gebacken (gerechnet ab dem Zeitpunkt, ab dem der Ofen heiß ist). Ein **Brotlaib** muss für 45 bis 60 Minuten in den Backofen. Das Gebäck so lange backen, bis es eine schöne Farbe annimmt und beim Klopfen auf die Unterseite hohl klingt.

8 Das Gebäck nach dem Backen sofort vom Blech oder aus der Form nehmen und auf einem Gitter auskühlen lassen, damit die Kruste knusprig bleibt.

Buttermilch-Kartoffel-Gebäck

Tipp

Dieses Rezept eignet sich ideal als Resteverwertung für übrig gebliebene Kartoffeln. Die Kartoffelmenge kann dabei von 50 g bis 150 g variiert werden.

- vegetarisch
- eifrei, wenn ohne Ei bestrichen

Kcal: 1142.27, Eiweiß (g): 47.33, Fett (g): 14.05, KH (g): 203.05, BE: 17.10

ZUTATEN

Für 5 bis 8 Brötchen (je nach gewählter Größe), 1 Kastenform, 1 mittleren Brotlaib oder bei Fladenbrot für ca. ein halbes Backblech. Die Menge kann beliebig reduziert oder vervielfacht werden.

Teig

ca. 100 g gekochte mehlige Kartoffeln, warm oder ausgekühlt, fein reiben oder durch die Kartoffelpresse drücken
100 g Buttermilch, ersatzweise Sauermilch oder Acidophilusmilch
250 g Weizenvollkornmehl, ersatzweise Dinkel-, Emmer-, Einkorn- oder Kamut-Vollkornmehl
50 g Roggenvollkornmehl, ersatzweise Waldstaudenkorn-Vollkornmehl
20 g Leinsamen, wenn möglich geröstet
ca. 5–7 g Salz
ca. 1 EL Brotgewürz oder beliebige andere Gewürze
⅓ Würfel frische Hefe (ca. 14 g)
lauwarmes Wasser

zum Ausfertigen

Wasser und eventuell beliebige weitere Zutaten zum Bestreichen und Bestreuen

ZUBEREITUNG

1 Die Kartoffeln in eine Schüssel raspeln und die Buttermilch hinzufügen. Alles mit einer Gabel verrühren. Nun die trockenen Zutaten hinzufügen und nur diese mit einer Gabel kurz vermengen.

2 Am Schüsselrand in die trockenen Zutaten eine Grube drücken. Die Hefe im Ganzen hineinsetzen und ca. eine halbe kleine Tasse lauwarmes Wasser darüber leeren. Mithilfe der Gabel die Hefe immer wieder gegen den Schüsselrand drücken, bis sie sich aufgelöst hat.

3 Sobald die Hefe flüssig ist, alle Zutaten mit der Gabel vermengen. So viel lauwarmes Wasser untermischen, dass die Gabel im fertigen Teig stehen bleibt und nicht umfällt. Fällt die Gabel um, ist der Teig zu weich und das Brot wird speckig. Ist noch Mehl in der Schüssel, das der Teig nicht aufnehmen kann, noch etwas Wasser hinzufügen.

4 Der Teig kann sofort weiterverarbeitet werden. Aus dem Teig ein Brot bzw. Brötchen formen. **Brötchen/Brotlaib ohne Form:** Der Teig darf nicht zu klebrig sein. Brötchen/Brotlaib am besten mit der nassen Hand oder einer nassen Teigkarte formen. **Brotlaib in der Form:** Für das Backen in der Form darf der Teig etwas weicher und klebriger sein. Die Gabel soll aber trotzdem nicht im fertigen Teig umfallen.

5 Das Gebäck zuerst mit Wasser und dann eventuell mit Ei oder Milch bestreichen und nach Belieben bestreuen.

6 Das Blech mitsamt dem Gebäck in den kalten oder max. auf 30 °C vorgeheizten Backofen auf die unterste oder zweite Einschubleiste schieben. So lange rasten lassen, bis der geformte Teig schön aufgegangen ist. Das dauert ca. 15 bis 30 Minuten.

7 Den Ofen auf ca. 180 °C Heißluft, 200 °C Unter/Oberhitze oder die Brotbackstufe einstellen. Die Teiglinge können während der Aufheizzeit im Ofen bleiben. **Brötchen** sind in 25 bis 35 Minuten fertig gebacken (gerechnet ab dem Zeitpunkt, ab dem der Ofen heiß ist). Ein **Brotlaib** muss für 45 bis 60 Minuten in den Backofen. Das Gebäck so lange backen, bis es eine schöne Farbe annimmt und beim Klopfen auf die Unterseite hohl klingt.

8 Das Gebäck nach dem Backen sofort vom Blech oder aus der Form nehmen und auf einem Gitter auskühlen lassen, damit die Kruste knusprig bleibt.

Hafergebäck

- vegan
- vegetarisch
- eifrei, wenn ohne Ei bestrichen
- milchfrei, wenn ohne Milch bestrichen

Kcal: 1169.05, Eiweiß (g): 44.80, Fett (g): 13.23, KH (g): 214.60, BE: 18.83

ZUTATEN

Für 4 bis 8 Brötchen (je nach gewählter Größe), 1 Kastenform, 1 mittleren Brotlaib oder bei Fladenbrot für ca. ein halbes Backblech. Die Menge kann beliebig reduziert oder vervielfacht werden.

Teig

lauwarmes Wasser
¼ Würfel frische Hefe (ca. 10 g)
250 g Weizenvollkornmehl, ersatzweise Dinkel-, Emmer-, Einkorn- oder Kamut-Vollkornmehl
50 g Haferkleie
50 g feinblättrige Haferflocken
ca. 5–6 g Salz
ca. 1 EL Brotgewürz oder beliebige andere Gewürze

zum Ausfertigen

Wasser und eventuell beliebige weitere Zutaten zum Bestreichen und Bestreuen

ZUBEREITUNG

1 Ein Backblech vorbereiten. Soll Brot in der Form gebacken werden, diese mit Backpapier auskleiden oder ausfetten und bemehlen.

2 Ca. eine halbe Tasse lauwarmes Wasser in eine große Teigschüssel gießen. Den Hefewürfel in das Wasser setzen und mit einer Gabel verrühren.

3 Die übrigen trockenen Zutaten der Reihe nach in die Schüssel geben und mit der Gabel grob vermengen, damit sich die Gewürze gut im Mehl verteilen. Anschließend alle Zutaten mit der Gabel verrühren und so viel Wasser untermischen, dass die Gabel im fertigen Teig stehen bleibt und nicht umfällt, sonst ist der Teig zu weich und das Brot wird speckig. Bleibt Mehl in der Schüssel, das der Teig nicht aufnehmen kann, noch etwas Wasser hinzufügen.

4 Der Teig kann sofort weiterverarbeitet werden. Aus dem Teig ein Brot bzw. Brötchen formen. **Brötchen/Brotlaib ohne Form:** Der Teig darf nicht zu klebrig sein. Brötchen/Brotlaib am besten mit der nassen Hand oder einer nassen Teigkarte formen. **Brotlaib in der Form:** Für das Backen in der Form darf der Teig etwas weicher und klebriger sein. Die Gabel soll aber trotzdem nicht im fertigen Teig umfallen.

5 Das Gebäck zuerst mit Wasser und dann eventuell mit Ei oder Milch bestreichen und nach Belieben bestreuen.

6 Das Blech mitsamt dem Gebäck in den kalten oder max. auf 30 °C vorgeheizten Backofen auf die unterste oder zweite Einschubleiste schieben. So lange rasten lassen, bis der geformte Teig schön aufgegangen ist. Das dauert ca. 15 bis 30 Minuten.

7 Den Ofen auf ca. 180 °C Heißluft, 200 °C Unter/Oberhitze oder die Brotbackstufe einstellen. Die Teiglinge können während der Aufheizzeit im Ofen bleiben. **Brötchen** sind in 25 bis 35 Minuten fertig gebacken (gerechnet ab dem Zeitpunkt, ab dem der Ofen heiß ist). Ein **Brotlaib** muss für 45 bis 60 Minuten in den Backofen. Das Gebäck so lange backen, bis es eine schöne Farbe annimmt und beim Klopfen auf die Unterseite hohl klingt.

8 Das Gebäck nach dem Backen sofort vom Blech oder aus der Form nehmen und auf einem Gitter auskühlen lassen, damit die Kruste knusprig bleibt.

Tipp

Wenn Sie kein Maismehl vorrätig haben, können Sie auch groben Maisgrieß (Polenta) in einer qualitativ hochwertigen Getreidemühle zu feinem Mehl mahlen.

Grobes Buchweizengebäck

- vegan
- vegetarisch
- eifrei, wenn ohne Ei bestrichen
- milchfrei, wenn ohne Milch bestrichen

Kcal: 1257.77, Eiweiß (g): 44.27, Fett (g): 18.64, KH (g): 224.91, BE: 18.74

ZUTATEN

Für 5 bis 8 Brötchen (je nach gewählter Größe), 1 Kastenform, 1 mittleren Brotlaib oder bei Fladenbrot für ca. ein halbes Backblech. Die Menge kann beliebig reduziert oder vervielfacht werden.

Teig

lauwarmes Wasser
⅓ Würfel frische Hefe (ca. 14 g)
200 g Weizenvollkornmehl, ersatzweise Dinkel-, Emmer-, Einkorn- oder Kamut-Vollkornmehl
80 g Buchweizen-Vollkornmehl
40 g feines Maismehl
20 g Sonnenblumenkerne
20 g kleinblättrige Haferflocken, ersatzweise andere Flocken
ca. 5–6 g Salz
ca. 1 EL Brotgewürz oder beliebige andere Gewürze

zum Ausfertigen

Wasser und eventuell beliebige weitere Zutaten zum Bestreichen und Bestreuen

ZUBEREITUNG

1 Ein Backblech vorbereiten. Soll Brot in der Form gebacken werden, diese mit Backpapier auskleiden oder ausfetten und bemehlen.

2 Ca. eine halbe Tasse lauwarmes Wasser in eine große Teigschüssel gießen. Den Hefewürfel in das Wasser setzen und mit einer Gabel verrühren.

3 Die übrigen trockenen Zutaten der Reihe nach in die Schüssel geben und mit der Gabel grob vermengen, damit sich die Gewürze gut im Mehl verteilen. Anschließend alle Zutaten mit der Gabel verrühren und so viel Wasser untermischen, dass die Gabel im fertigen Teig stehen bleibt und nicht umfällt, sonst ist der Teig zu weich und das Brot wird speckig. Bleibt Mehl in der Schüssel, das der Teig nicht aufnehmen kann, noch etwas Wasser hinzufügen.

4 Der Teig kann sofort weiterverarbeitet werden. Aus dem Teig ein Brot bzw. Brötchen formen. **Brötchen/Brotlaib ohne Form:** Der Teig darf nicht zu klebrig sein. Brötchen/Brotlaib am besten mit der nassen Hand oder einer nassen Teigkarte formen. **Brotlaib in der Form:** Für das Backen in der Form darf der Teig etwas weicher und klebriger sein. Die Gabel soll aber trotzdem nicht im fertigen Teig umfallen.

5 Das Gebäck zuerst mit Wasser und dann eventuell mit Ei oder Milch bestreichen und nach Belieben bestreuen.

6 Das Blech mitsamt dem Gebäck in den kalten oder max. auf 30 °C vorgeheizten Backofen auf die unterste oder zweite Einschubleiste schieben. So lange rasten lassen, bis der geformte Teig schön aufgegangen ist. Das dauert ca. 15 bis 30 Minuten.

7 Den Ofen auf ca. 180 °C Heißluft, 200 °C Unter/Oberhitze oder die Brotbackstufe einstellen. Die Teiglinge können während der Aufheizzeit im Ofen bleiben. **Brötchen** sind in 25 bis 35 Minuten fertig gebacken (gerechnet ab dem Zeitpunkt, ab dem der Ofen heiß ist). Ein **Brotlaib** muss für 45 bis 60 Minuten in den Backofen. Das Gebäck so lange backen, bis es eine schöne Farbe annimmt und beim Klopfen auf die Unterseite hohl klingt.

8 Das Gebäck nach dem Backen sofort vom Blech oder aus der Form nehmen und auf einem Gitter auskühlen lassen, damit die Kruste knusprig bleibt.

Gerstengebäck

- vegan
- vegetarisch
- eifrei, wenn ohne Ei bestrichen
- milchfrei, wenn ohne Milch bestrichen

Kcal: 1095.67, Eiweiß (g): 42.24, Fett (g): 16.42, KH (g): 192.37, BE: 16.40

ZUTATEN

Für 5 bis 8 Brötchen (je nach gewählter Größe), 1 Kastenform, 1 mittleren Brotlaib oder bei Fladenbrot für ca. ein halbes Backblech. Die Menge kann beliebig reduziert oder vervielfacht werden.

Teig

lauwarmes Wasser
⅓ Würfel frische Hefe (ca. 14 g)
250 g Weizenvollkornmehl, ersatzweise Dinkel-, Emmer-, Einkorn- oder Kamut-Vollkornmehl
20 g Sonnenblumenkerne
4–6 g Salz
ca. 1 EL Brotgewürz oder beliebige andere Gewürze
ca. 150 g gekochte Gerste (entspricht ca. 50 g roher Gerste)

zum Ausfertigen

Wasser und eventuell beliebige weitere Zutaten zum Bestreichen und Bestreuen

ZUBEREITUNG

1 Ein Backblech vorbereiten. Soll Brot in der Form gebacken werden, diese mit Backpapier auskleiden oder ausfetten und bemehlen.

2 Ca. eine halbe Tasse lauwarmes Wasser in eine große Teigschüssel gießen. Den Hefewürfel in das Wasser setzen und mit einer Gabel verrühren.

3 Die trockenen Zutaten (außer der Gerste) der Reihe nach in die Schüssel geben und mit der Gabel grob vermengen, damit sich die Gewürze gut im Mehl verteilen. Anschließend alle Zutaten mit der Gabel verrühren. Die Gerste und so viel Wasser untermischen, dass die Gabel im fertigen Teig stehen bleibt und nicht umfällt, sonst ist der Teig zu weich und das Brot wird speckig. Bleibt Mehl in der Schüssel, das der Teig nicht aufnehmen kann, noch etwas Wasser hinzufügen.

4 Der Teig kann sofort weiterverarbeitet werden. Aus dem Teig ein Brot bzw. Brötchen formen. **Brötchen/Brotlaib ohne Form:** Der Teig darf nicht zu klebrig sein. Brötchen/Brotlaib am besten mit der nassen Hand oder einer nassen Teigkarte formen. **Brotlaib in der Form:** Für das Backen in der Form darf der Teig etwas weicher und klebriger sein. Die Gabel soll aber trotzdem nicht im fertigen Teig umfallen.

5 Das Gebäck zuerst mit Wasser und dann eventuell mit Ei oder Milch bestreichen und nach Belieben bestreuen.

6 Das Blech mitsamt dem Gebäck in den kalten oder max. auf 30 °C vorgeheizten Backofen auf die unterste oder zweite Einschubleiste schieben. So lange rasten lassen, bis der geformte Teig schön aufgegangen ist. Das dauert ca. 15 bis 30 Minuten.

7 Den Ofen auf ca. 180 °C Heißluft, 200 °C Unter/Oberhitze oder die Brotbackstufe einstellen. Die Teiglinge können während der Aufheizzeit im Ofen bleiben. **Brötchen** sind in 25 bis 35 Minuten fertig gebacken (gerechnet ab dem Zeitpunkt, ab dem der Ofen heiß ist). Ein **Brotlaib** muss für 45 bis 60 Minuten in den Backofen. Das Gebäck so lange backen, bis es eine schöne Farbe annimmt und beim Klopfen auf die Unterseite hohl klingt.

8 Das Gebäck nach dem Backen sofort vom Blech oder aus der Form nehmen und auf einem Gitter auskühlen lassen, damit die Kruste knusprig bleibt.

Tipp

Sie können bis zu 150 g übrig gebliebene Gerstensuppe in den Teig mischen.

Weizentrio

- vegan
- vegetarisch
- eifrei, wenn ohne Ei bestrichen
- milchfrei, wenn ohne Milch bestrichen

Kcal: 839.85, Eiweiß (g): 33.06, Fett (g): 6.08, KH (g): 160.45, BE: 13.37

ZUTATEN

Für 3 bis 6 Brötchen (je nach gewählter Größe), 1 Kastenform, 1 mittleren Brotlaib oder bei Fladenbrot für ca. ein halbes Backblech. Die Menge kann beliebig reduziert oder vervielfacht werden.

Teig

lauwarmes Wasser
¼ Würfel frische Hefe (ca. 10 g)
80 g Kamut-Vollkornmehl
80 g Einkorn-Vollkornmehl
100 g Dinkel-Vollkornmehl
ca. 5–6 g Salz
ca. 1 EL Brotgewürz oder beliebige andere Gewürze

zum Ausfertigen

Wasser und eventuell beliebige weitere Zutaten zum Bestreichen und Bestreuen

ZUBEREITUNG

1 Ein Backblech vorbereiten. Soll Brot in der Form gebacken werden, diese mit Backpapier auskleiden oder ausfetten und bemehlen.

2 Ca. eine halbe Tasse lauwarmes Wasser in eine große Teigschüssel gießen. Den Hefewürfel in das Wasser setzen und mit einer Gabel verrühren.

3 Die trockenen Zutaten der Reihe nach in die Schüssel geben und mit der Gabel grob vermengen, damit sich die Gewürze gut im Mehl verteilen. Anschließend alle Zutaten mit der Gabel verrühren. So viel Wasser untermischen, dass die Gabel im fertigen Teig stehen bleibt und nicht umfällt, sonst ist der Teig zu weich und das Brot wird speckig. Bleibt Mehl in der Schüssel, das der Teig nicht aufnehmen kann, noch etwas Wasser hinzufügen.

4 Der Teig kann sofort weiterverarbeitet werden. Aus dem Teig ein Brot bzw. Brötchen formen. **Brötchen/Brotlaib ohne Form:** Der Teig darf nicht zu klebrig sein. Brötchen/Brotlaib am besten mit der nassen Hand oder einer nassen Teigkarte formen. **Brotlaib in der Form:** Für das Backen in der Form darf der Teig etwas weicher und klebriger sein. Die Gabel soll aber trotzdem nicht im fertigen Teig umfallen.

5 Das Gebäck zuerst mit Wasser und dann eventuell mit Ei oder Milch bestreichen und nach Belieben bestreuen.

6 Das Blech mitsamt dem Gebäck in den kalten oder max. auf 30 °C vorgeheizten Backofen auf die unterste oder zweite Einschubleiste schieben. So lange rasten lassen, bis der geformte Teig schön aufgegangen ist. Das dauert ca. 15 bis 30 Minuten.

7 Den Ofen auf ca. 180 °C Heißluft, 200 °C Unter/Oberhitze oder die Brotbackstufe einstellen. Die Teiglinge können während der Aufheizzeit im Ofen bleiben. **Brötchen** sind in 25 bis 35 Minuten fertig gebacken (gerechnet ab dem Zeitpunkt, ab dem der Ofen heiß ist). Ein **Brotlaib** muss für 45 bis 60 Minuten in den Backofen. Das Gebäck so lange backen, bis es eine schöne Farbe annimmt und beim Klopfen auf die Unterseite hohl klingt.

8 Das Gebäck nach dem Backen sofort vom Blech oder aus der Form nehmen und auf einem Gitter auskühlen lassen, damit die Kruste knusprig bleibt.

Tipp

Keine Lust zum Formen einer Rolle? Bereiten Sie das Steckerlbrot wie beim »Outdoorbrot« (S. 102) beschrieben zu.

Steckerlbrot

vegetarisch
milchfrei

Kcal: 1065.75, Eiweiß (g): 38.28, Fett (g): 31.43, KH (g): 154.71, BE: 12.89

ZUTATEN

Für ca. 5 Spieße, die Menge kann beliebig reduziert oder vervielfacht werden.

Teig

lauwarmes Wasser
¼ Würfel frische Hefe (ca. 10 g)
250 g Weizenvollkornmehl, ersatzweise Dinkel-, Emmer-, Einkorn- oder Kamut-Vollkornmehl
ca. 4–5 g Salz
ca. 1 EL Brotgewürz oder beliebige andere Gewürze
20 g beliebiges Öl (z. B. Rapsöl oder Kräuteröl)
1 Ei, beliebige Größe

zum Aufspießen

fingerdicke, gerade Zweige einer Haselnussstaude (Blätter und Äste entfernen)
Griller oder glühende Kohlen eines Lagerfeuers

Die Spieße muss man nicht einfetten, das Brot löst sich auch so.

ZUBEREITUNG

1 Ca. eine halbe Tasse lauwarmes Wasser in eine große Schüssel gießen. Den Hefewürfel in das Wasser setzen und mit einer Gabel verrühren.

2 Die trockenen Zutaten der Reihe nach in die Schüssel geben und mit der Gabel grob vermengen, damit sich die Gewürze gut im Mehl verteilen. Anschließend alle Zutaten mit der Gabel verrühren. So viel Wasser untermischen, dass die Gabel im fertigen Teig stehen bleibt und nicht umfällt, sonst ist der Teig zu weich und das Brot wird speckig. Bleibt Mehl in der Schüssel, das der Teig nicht aufnehmen kann, noch etwas Wasser hinzufügen. Der Teig soll geschmeidig-weich, aber nicht klebrig sein (sich wie ein Ohrläppchen anfühlen).

3 Den Teig zudecken und in der Zwischenzeit die Holzzweige vorbereiten.

4 Vom Teig Stücke abstechen und diese zu einer maximal 1 bis 1 ½ Finger dicken Rolle formen. Die Rollen an einem Ende eine Spur dicker lassen. Dieses Ende als Erstes auf den Stab stecken und dann die Rolle eng um den Stab wickeln. Zum Schluss das Teigende auf das unterste Teigstück drücken und fixieren.

5 Die Zweige über den Grill halten. Dabei immer wieder drehen, bis das Brot rundherum gleichmäßig bräunt.

VARIANTE: STECKERLBROT AUS DEM BACKOFEN

Die Schritte 1 bis 4 wie oben beschrieben durchführen.

5 Einen ofenfesten Kochtopf mit sauberen Steinen befüllen.

6 Das Steckerlbrot hineinstecken und im Ofen bei 190 °C Heißluft oder 210 °C Unter/Oberhitze so lange backen, bis das Brot Farbe annimmt.
Achtung: Die Spieße dürfen nicht an die Seitenwände des Ofens anstoßen, weil sie dort festkleben.

Outdoorbrot

- vegan
- vegetarisch
- eifrei
- milchfrei

Kcal: 497.80, Eiweiß (g): 20.35, Fett (g): 3.91, KH (g): 93.67, BE: 7.80

ZUTATEN

Für ca. 5 Spieße, die Menge kann beliebig reduziert oder vervielfacht werden.

Teig

wenn vorhanden: lauwarmes Wasser, sonst kaltes Brunnen- oder Quellwasser
¼ Würfel frische Hefe (ca. 10 g)
3 gut gehäufte Hände voll Weizenvollkornmehl, ersatzweise Dinkel-, Emmer-, Einkorn- oder Kamut-Vollkornmehl (ca. 150 g)
ca. 4 Msp. Salz (ca. 5 g)
ca. 1 EL beliebige Wiesenkräuter, zum Beispiel Brennnesseln, Vogelmiere, Jochschnittlauch, Quendel oder Dost

zum Aufspießen

fingerdicke, gerade Zweige einer Haselnussstaude (Blätter und Äste entfernen)
Griller oder glühende Kohlen eines Lagerfeuers

Die Spieße muss man nicht einfetten, das Brot löst sich auch so.

ZUBEREITUNG

1 Ca. eine halbe Tasse (lauwarmes) Wasser in eine große Schüssel gießen. Den Hefewürfel in das Wasser setzen und mit einer Gabel verrühren.

2 Die trockenen Zutaten der Reihe nach in die Schüssel geben und mit der Gabel grob vermengen, damit sich die Gewürze gut im Mehl verteilen. Anschließend alle Zutaten mit der Gabel verrühren. So viel Wasser untermischen, dass die Gabel im fertigen Teig stehen bleibt und nicht umfällt, sonst ist der Teig zu weich und das Brot wird speckig. Bleibt Mehl in der Schüssel, das der Teig nicht aufnehmen kann, noch etwas Wasser hinzufügen. Der Teig soll geschmeidig-weich, aber nicht klebrig sein (sich wie ein Ohrläppchen anfühlen).

3 Den Teig zudecken und in der Zwischenzeit die Holzzweige vorbereiten.

4 Aus dem Teig Kugeln von ca. 5 cm Durchmesser formen. Diese auf die Spitze der Haselnusszweige stecken und in die Länge herunterziehen. Den Teig nicht zu dick auftragen (maximal 1 ½ Finger dick), sonst bäckt das Brot nicht durch.

5 Den Zweig über den Grill halten und so lange drehen, bis das Brot rundherum gleichmäßig bräunt.

VARIANTE

Aus dem Teig können auch messerrückendicke Fladen geformt werden, die auf dem Grill oder auf einem glühend heißen Stein gebacken werden.

Tipp

Wenn Sie unterwegs frisches, eiskaltes Quellwasser verwenden, verlängert sich die Gehzeit des Teiges um mindestens eine Stunde. Bereiten Sie ihn daher rechtzeitig vor.

Mittelmeergebäck

vegetarisch
eifrei, wenn ohne Ei bestrichen

Kcal: 1134.19, Eiweiß (g): 46.99, Fett (g): 33.66, KH (g): 157.95, BE: 13.16

ZUTATEN

Für 4 bis 7 Brötchen (je nach gewählter Größe), 1 Kastenform, 1 mittleren Brotlaib oder bei Fladenbrot für ca. ein halbes Backblech. Die Menge kann beliebig reduziert oder vervielfacht werden.

Teig

1–2 Chilischoten, klein gehackt oder 1–2 Msp. Chilipulver
1–2 Zehen Knoblauch, klein hacken
ca. 40 g Parmesan oder gut gereifter Bergkäse, grob gerieben oder gewürfelt
ca. 40 g Oliven, klein gehackt oder in Scheiben
ca. 40 g in Öl eingelegte getrocknete Tomaten, klein geschnitten
1–2 EL Öl der eingelegten Tomaten (8–16 g)
250 g Weizenvollkornmehl, ersatzweise Dinkel-, Emmer-, Einkorn- oder Kamut-Vollkornmehl
ca. 4 g Kräutersalz
je 1–2 Msp. Rosmarin, Thymian, Basilikum; ersatzweise eine beliebige Kräutermischung
⅓ Würfel frische Hefe (ca. 14 g)
lauwarmes Wasser

zum Ausfertigen

Wasser und eventuell beliebige weitere Zutaten zum Bestreichen und Bestreuen

ZUBEREITUNG

1 Ein Backblech vorbereiten. Soll Brot in der Form gebacken werden, diese mit Backpapier auskleiden oder ausfetten und bemehlen.

2 Mit Ausnahme der Hefe und des Wassers alle Zutaten der Reihe nach in eine Schüssel geben und mit der Gabel verrühren.

3 Am Schüsselrand eine Grube eindrücken. Die Hefe im Ganzen hineinsetzen und ca. eine halbe kleine Tasse lauwarmes Wasser darüber leeren. Mithilfe der Gabel die Hefe immer wieder gegen den Schüsselrand drücken, bis sie sich aufgelöst hat.

4 Sobald die Hefe flüssig ist, alle Zutaten mit der Gabel vermengen. So viel lauwarmes Wasser untermischen, dass die Gabel im fertigen Teig stehen bleibt und nicht umfällt. Fällt die Gabel um, ist der Teig zu weich und das Brot wird speckig. Ist noch Mehl in der Schüssel, das der Teig nicht aufnehmen kann, noch etwas Wasser hinzufügen.

5 Der Teig kann sofort weiterverarbeitet werden. Aus dem Teig ein Brot bzw. Brötchen formen. **Brötchen/Brotlaib ohne Form:** Der Teig darf nicht zu klebrig sein. Brötchen/Brotlaib am besten mit der nassen Hand oder einer nassen Teigkarte formen. **Brotlaib in der Form:** Für das Backen in der Form darf der Teig etwas weicher und klebriger sein. Die Gabel soll aber trotzdem nicht im fertigen Teig umfallen.

6 Das Gebäck zuerst mit Wasser und dann eventuell mit Ei oder Milch bestreichen und nach Belieben bestreuen.

7 Das Blech mitsamt dem Gebäck in den kalten oder max. auf 30 °C vorgeheizten Backofen auf die unterste oder zweite Einschubleiste schieben. So lange rasten lassen, bis der geformte Teig schön aufgegangen ist. Das dauert ca. 15 bis 30 Minuten.

8 Den Ofen auf ca. 180 °C Heißluft, 200 °C Unter/Oberhitze oder die Brotbackstufe einstellen. Die Teiglinge können während der Aufheizzeit im Ofen bleiben. **Brötchen** sind in 25 bis 35 Minuten fertig gebacken (gerechnet ab dem Zeitpunkt, ab dem der Ofen heiß ist). Ein **Brotlaib** muss für 45 bis 60 Minuten in den Backofen. Das Gebäck so lange backen, bis es eine schöne Farbe annimmt und beim Klopfen auf die Unterseite hohl klingt.

9 Das Gebäck nach dem Backen sofort vom Blech oder aus der Form nehmen und auf einem Gitter auskühlen lassen, damit die Kruste knusprig bleibt.

BROD
UNSER

Zucchini-Feta-Gebäck

vegetarisch
eifrei, wenn ohne Ei bestrichen

Kcal: 1013.97, Eiweiß (g): 47.27, Fett (g): 21.24, KH (g): 155.94, BE: 12.99

ZUTATEN

Für 4 bis 7 Brötchen (je nach gewählter Größe), 1 Kastenform, 1 mittleren Brotlaib oder bei Fladenbrot für ca. ein halbes Backblech. Die Menge kann beliebig reduziert oder vervielfacht werden.

Teig

ca. 70 g Zucchini, grob geraspelt
ca. 80 g Fetakäse, klein gewürfelt
250 g Weizenvollkornmehl, ersatzweise Dinkel-, Emmer-, Einkorn- oder Kamut-Vollkornmehl
ca. 4 g Kräutersalz
ca. ¼ TL Thymian
ca. 1 Msp. Chili
⅓ Würfel frische Hefe (ca. 14 g)
lauwarmes Wasser

zum Ausfertigen

Wasser und eventuell beliebige weitere Zutaten zum Bestreichen und Bestreuen

ZUBEREITUNG

1 Ein Backblech vorbereiten. Soll Brot in der Form gebacken werden, diese mit Backpapier auskleiden oder ausfetten und bemehlen.

2 Mit Ausnahme der Hefe und des Wassers alle Zutaten der Reihe nach in eine Schüssel geben und mit der Gabel verrühren.

3 Am Schüsselrand eine Grube eindrücken. Die Hefe im Ganzen hineinsetzen und ca. eine halbe kleine Tasse lauwarmes Wasser darüber leeren. Mithilfe der Gabel die Hefe immer wieder gegen den Schüsselrand drücken, bis sie sich aufgelöst hat.

4 Sobald die Hefe flüssig ist, alle Zutaten mit der Gabel vermengen. So viel lauwarmes Wasser untermischen, dass die Gabel im fertigen Teig stehen bleibt und nicht umfällt. Fällt die Gabel um, ist der Teig zu weich und das Brot wird speckig. Ist noch Mehl in der Schüssel, das der Teig nicht aufnehmen kann, noch etwas Wasser hinzufügen.

5 Der Teig kann sofort weiterverarbeitet werden. Aus dem Teig ein Brot bzw. Brötchen formen. **Brötchen/Brotlaib ohne Form:** Der Teig darf nicht zu klebrig sein. Brötchen/Brotlaib am besten mit der nassen Hand oder einer nassen Teigkarte formen. **Brotlaib in der Form:** Für das Backen in der Form darf der Teig etwas weicher und klebriger sein. Die Gabel soll aber trotzdem nicht im fertigen Teig umfallen.

6 Das Gebäck zuerst mit Wasser und dann eventuell mit Ei oder Milch bestreichen und nach Belieben bestreuen.

7 Das Blech mitsamt dem Gebäck in den kalten oder max. auf 30 °C vorgeheizten Backofen auf die unterste oder zweite Einschubleiste schieben. So lange rasten lassen, bis der geformte Teig schön aufgegangen ist. Das dauert ca. 15 bis 30 Minuten.

8 Den Ofen auf ca. 180 °C Heißluft, 200 °C Unter/Oberhitze oder die Brotbackstufe einstellen. Die Teiglinge können während der Aufheizzeit im Ofen bleiben. **Brötchen** sind in 25 bis 35 Minuten fertig gebacken (gerechnet ab dem Zeitpunkt, ab dem der Ofen heiß ist). Ein **Brotlaib** muss für 45 bis 60 Minuten in den Backofen. Das Gebäck so lange backen, bis es eine schöne Farbe annimmt und beim Klopfen auf die Unterseite hohl klingt.

9 Das Gebäck nach dem Backen sofort vom Blech oder aus der Form nehmen und auf einem Gitter auskühlen lassen, damit die Kruste knusprig bleibt.

Blattspinatgebäck

vegetarisch
eifrei, wenn ohne Ei bestrichen

Kcal: 960.89, Eiweiß (g): 43.30, Fett (g): 15.61, KH (g): 158.84, BE: 13.24

ZUTATEN

Für 4 bis 7 Brötchen (je nach gewählter Größe), 1 Kastenform, 1 mittleren Brotlaib oder bei Fladenbrot für ca. ein halbes Backblech. Die Menge kann beliebig reduziert oder vervielfacht werden.

Teig

- ca. eine Viertel bis eine halbe Zwiebel (20–50 g), klein gehackt
- 1–2 Zehen Knoblauch, klein gehackt oder gepresst
- ca. 50 g tiefgekühlter Blattspinat (nicht auftauen)
- ca. 50 g Fetakäse, klein gewürfelt, ersatzweise beliebiger anderer Käse
- 250 g Weizenvollkornmehl, ersatzweise Dinkel-, Emmer-, Einkorn- oder Kamut-Vollkornmehl
- ca. 4 g Kräutersalz
- ⅓ Würfel frische Hefe (ca. 14 g)
- lauwarmes Wasser

zum Ausfertigen

Wasser und eventuell beliebige weitere Zutaten zum Bestreichen und Bestreuen

ZUBEREITUNG

1 Ein Backblech vorbereiten. Soll Brot in der Form gebacken werden, diese mit Backpapier auskleiden oder ausfetten und bemehlen.

2 Mit Ausnahme der Hefe und des Wassers alle Zutaten der Reihe nach in eine Schüssel geben und mit der Gabel verrühren.

3 Am Schüsselrand eine Grube eindrücken. Die Hefe im Ganzen hineinsetzen und ca. eine halbe kleine Tasse lauwarmes Wasser darüber leeren. Mithilfe der Gabel die Hefe immer wieder gegen den Schüsselrand drücken, bis sie sich aufgelöst hat.

4 Sobald die Hefe flüssig ist, alle Zutaten mit der Gabel vermengen. So viel lauwarmes Wasser untermischen, dass die Gabel im fertigen Teig stehen bleibt und nicht umfällt. Fällt die Gabel um, ist der Teig zu weich und das Brot wird speckig. Ist noch Mehl in der Schüssel, das der Teig nicht aufnehmen kann, noch etwas Wasser hinzufügen.

5 Der Teig kann sofort weiterverarbeitet werden. Aus dem Teig ein Brot bzw. Brötchen formen. **Brötchen/Brotlaib ohne Form:** Der Teig darf nicht zu klebrig sein. Brötchen/Brotlaib am besten mit der nassen Hand oder einer nassen Teigkarte formen. **Brotlaib in der Form:** Für das Backen in der Form darf der Teig etwas weicher und klebriger sein. Die Gabel soll aber trotzdem nicht im fertigen Teig umfallen.

6 Das Gebäck zuerst mit Wasser und dann eventuell mit Ei oder Milch bestreichen und nach Belieben bestreuen.

7 Das Blech mitsamt dem Gebäck in den kalten oder max. auf 30 °C vorgeheizten Backofen auf die unterste oder zweite Einschubleiste schieben. So lange rasten lassen, bis der geformte Teig schön aufgegangen ist. Das dauert ca. 15 bis 30 Minuten.

8 Den Ofen auf ca. 180 °C Heißluft, 200 °C Unter/Oberhitze oder die Brotbackstufe einstellen. Die Teiglinge können während der Aufheizzeit im Ofen bleiben. **Brötchen** sind in 25 bis 35 Minuten fertig gebacken (gerechnet ab dem Zeitpunkt, ab dem der Ofen heiß ist). Ein **Brotlaib** muss für 45 bis 60 Minuten in den Backofen. Das Gebäck so lange backen, bis es eine schöne Farbe annimmt und beim Klopfen auf die Unterseite hohl klingt.

9 Das Gebäck nach dem Backen sofort vom Blech oder aus der Form nehmen und auf einem Gitter auskühlen lassen, damit die Kruste knusprig bleibt.

Speckgebäck

◎ eifrei, wenn ohne Ei bestrichen
◊ milchfrei, wenn ohne Milch bestrichen

Kcal: 939.77, Eiweiß (g): 42.86, Fett (g): 10.27, KH (g): 166.09, BE: 13.84

ZUTATEN

Für 4 bis 7 Brötchen (je nach gewählter Größe), 1 Kastenform, 1 mittleren Brotlaib oder bei Fladenbrot für ca. ein halbes Backblech. Die Menge kann beliebig reduziert oder vervielfacht werden.

Teig

ca. 50 g Tiroler Speck, klein gewürfelt; ersatzweise Schinken
1–2 TL Schnittlauch, frisch hacken, getrocknet oder gefroren in den Teig mischen
1 kleine Frühlingszwiebel oder Zwiebel, klein geschnitten (ca. 50 g)
200 g Weizenvollkornmehl, ersatzweise Dinkel-, Emmer-, Einkorn- oder Kamut-Vollkornmehl
30 g Roggenvollkornmehl, ersatzweise Waldstaudenkorn-Vollkornmehl
30 g feines Maismehl
ca. 4 g Kräutersalz
ca. ¼ TL Kümmel
⅓ Würfel frische Hefe (ca. 14 g)
lauwarmes Wasser

zum Ausfertigen

Wasser und eventuell beliebige weitere Zutaten zum Bestreichen und Bestreuen

ZUBEREITUNG

1 Ein Backblech vorbereiten. Soll Brot in der Form gebacken werden, diese mit Backpapier auskleiden oder ausfetten und bemehlen.

2 Mit Ausnahme der Hefe und des Wassers alle Zutaten der Reihe nach in eine Schüssel geben und mit der Gabel verrühren.

3 Am Schüsselrand eine Grube eindrücken. Die Hefe im Ganzen hineinsetzen und ca. eine halbe kleine Tasse lauwarmes Wasser darüber leeren. Mithilfe der Gabel die Hefe immer wieder gegen den Schüsselrand drücken, bis sie sich aufgelöst hat.

4 Sobald die Hefe flüssig ist, alle Zutaten mit der Gabel vermengen. So viel lauwarmes Wasser untermischen, dass die Gabel im fertigen Teig stehen bleibt und nicht umfällt. Fällt die Gabel um, ist der Teig zu weich und das Brot wird speckig. Ist noch Mehl in der Schüssel, das der Teig nicht aufnehmen kann, noch etwas Wasser hinzufügen.

5 Der Teig kann sofort weiterverarbeitet werden. Aus dem Teig ein Brot bzw. Brötchen formen. **Brötchen/Brotlaib ohne Form:** Der Teig darf nicht zu klebrig sein. Brötchen/Brotlaib am besten mit der nassen Hand oder einer nassen Teigkarte formen. **Brotlaib in der Form:** Für das Backen in der Form darf der Teig etwas weicher und klebriger sein. Die Gabel soll aber trotzdem nicht im fertigen Teig umfallen.

6 Das Gebäck zuerst mit Wasser und dann eventuell mit Ei oder Milch bestreichen und nach Belieben bestreuen.

7 Das Blech mitsamt dem Gebäck in den kalten oder max. auf 30 °C vorgeheizten Backofen auf die unterste oder zweite Einschubleiste schieben. So lange rasten lassen, bis der geformte Teig schön aufgegangen ist. Das dauert ca. 15 bis 30 Minuten.

8 Den Ofen auf ca. 180 °C Heißluft, 200 °C Unter/Oberhitze oder die Brotbackstufe einstellen. Die Teiglinge können während der Aufheizzeit im Ofen bleiben. **Brötchen** sind in 25 bis 35 Minuten fertig gebacken (gerechnet ab dem Zeitpunkt, ab dem der Ofen heiß ist). Ein **Brotlaib** muss für 45 bis 60 Minuten in den Backofen. Das Gebäck so lange backen, bis es eine schöne Farbe annimmt und beim Klopfen auf die Unterseite hohl klingt.

9 Das Gebäck nach dem Backen sofort vom Blech oder aus der Form nehmen und auf einem Gitter auskühlen lassen, damit die Kruste knusprig bleibt.

Pizzagebäck

Tipp

Ein ideales Brot zur Resteverwertung!

◎ eifrei, wenn ohne Ei bestrichen

Kcal: 990.67, Eiweiß (g): 47.95, Fett (g): 17.79, KH (g): 156.32, BE: 13.02

ZUTATEN

Für 4 bis 7 Brötchen (je nach gewählter Größe), 1 Kastenform, 1 mittleren Brotlaib oder bei Fladenbrot für ca. ein halbes Backblech. Die Menge kann beliebig reduziert oder vervielfacht werden.

Teig

ca. 30 g Reste von Wurst, Fleisch oder Gegrilltem, in Würfel geschnitten
ca. 30 g beliebiger Käse, in Würfel geschnitten oder grob gerieben
ca. 30 g Oliven, klein geschnitten
ca. 30 g eingelegte, getrocknete Tomaten, klein geschnitten
1–2 Zehen Knoblauch, klein gehackt oder gepresst
200 g Weizenvollkornmehl, ersatzweise Dinkel-, Emmer-, Einkorn- oder Kamut-Vollkornmehl
50 g Roggenvollkornmehl, ersatzweise Waldstaudenkorn-Vollkornmehl
ca. 4 g Kräutersalz
ca. 1 EL Pizzagewürz
⅓ Würfel frische Hefe (ca. 14 g)
lauwarmes Wasser

zum Ausfertigen

Wasser und eventuell beliebige weitere Zutaten zum Bestreichen und Bestreuen

ZUBEREITUNG

1 Ein Backblech vorbereiten. Soll Brot in der Form gebacken werden, diese mit Backpapier auskleiden oder ausfetten und bemehlen.

2 Mit Ausnahme der Hefe und des Wassers alle Zutaten der Reihe nach in eine Schüssel geben und mit der Gabel verrühren.

3 Am Schüsselrand eine Grube eindrücken. Die Hefe im Ganzen hineinsetzen und ca. eine halbe kleine Tasse lauwarmes Wasser darüber leeren. Mithilfe der Gabel die Hefe immer wieder gegen den Schüsselrand drücken, bis sie sich aufgelöst hat.

4 Sobald die Hefe flüssig ist, alle Zutaten mit der Gabel vermengen. So viel lauwarmes Wasser untermischen, dass die Gabel im fertigen Teig stehen bleibt und nicht umfällt. Fällt die Gabel um, ist der Teig zu weich und das Brot wird speckig. Ist noch Mehl in der Schüssel, das der Teig nicht aufnehmen kann, noch etwas Wasser hinzufügen.

5 Der Teig kann sofort weiterverarbeitet werden. Aus dem Teig ein Brot bzw. Brötchen formen. **Brötchen/Brotlaib ohne Form:** Der Teig darf nicht zu klebrig sein. Brötchen/Brotlaib am besten mit der nassen Hand oder einer nassen Teigkarte formen. **Brotlaib in der Form:** Für das Backen in der Form darf der Teig etwas weicher und klebriger sein. Die Gabel soll aber trotzdem nicht im fertigen Teig umfallen.

6 Das Gebäck zuerst mit Wasser und dann eventuell mit Ei oder Milch bestreichen und nach Belieben bestreuen.

7 Das Blech mitsamt dem Gebäck in den kalten oder max. auf 30 °C vorgeheizten Backofen auf die unterste oder zweite Einschubleiste schieben. So lange rasten lassen, bis der geformte Teig schön aufgegangen ist. Das dauert ca. 15 bis 30 Minuten.

8 Den Ofen auf ca. 180 °C Heißluft, 200 °C Unter/Oberhitze oder die Brotbackstufe einstellen. Die Teiglinge können während der Aufheizzeit im Ofen bleiben. **Brötchen** sind in 25 bis 35 Minuten fertig gebacken (gerechnet ab dem Zeitpunkt, ab dem der Ofen heiß ist). Ein **Brotlaib** muss für 45 bis 60 Minuten in den Backofen. Das Gebäck so lange backen, bis es eine schöne Farbe annimmt und beim Klopfen auf die Unterseite hohl klingt.

9 Das Gebäck nach dem Backen sofort vom Blech oder aus der Form nehmen und auf einem Gitter auskühlen lassen, damit die Kruste knusprig bleibt.

Tipp

Die Buchteln schmecken warm und kalt, zum Beispiel zu Salat oder zu Suppe.

Rosmarin-Zitronen-Buchteln

- vegan
- vegetarisch
- eifrei
- milchfrei

Kcal: 955.23, Eiweiß (g): 32.55, Fett (g): 21.84, KH (g): 154.40, BE: 12.86

ZUTATEN

Für ca. 7 kleine Buchteln, passend für runde Auflaufformen (16-20 cm Durchmesser) oder 1 kleine Kastenform. Die Menge kann beliebig reduziert oder vervielfacht werden.

Teig

lauwarmes Wasser
¼ Würfel frische Hefe (ca. 10 g)
250 g Weizenvollkornmehl, ersatzweise Dinkel-, Emmer-, Einkorn- oder Kamut-Vollkornmehl
ca. 4–5 g Kräutersalz

Für die Form

2–3 EL Olivenöl (16–24 g)
½ TL Rosmarin, Bärlauch, Petersilie oder beliebige andere Kräuter
Schale 1 Biozitrone

zum Ausfertigen

eventuell beliebige Zutaten zum Bestreuen

ZUBEREITUNG

1 Ca. eine halbe Tasse lauwarmes Wasser in eine große Schüssel gießen. Den Hefewürfel in das Wasser setzen und mit einer Gabel verrühren.

2 Alle Zutaten der Reihe nach in die Schüssel geben und mit der Gabel grob vermengen, damit sich die Gewürze gut im Mehl verteilen. So viel Wasser untermischen, dass ein möglichst wenig klebriger Teig entsteht. Die Gabel soll im fertigen Teig stehen bleiben und nicht umfallen. Fällt die Gabel um, ist der Teig zu weich und das Brot wird speckig. Ist noch Mehl in der Schüssel, das der Teig nicht aufnehmen kann, noch etwas Wasser hinzufügen. Der Teig soll geschmeidig-weich, aber nicht klebrig sein (sich wie ein Ohrläppchen anfühlen).

3 Den Teig mit einem Geschirrtuch abdecken und in der Zwischenzeit die Form vorbereiten. Dazu Öl, Gewürze und Zitronenschale in die Form füllen und vermengen.

4 Aus dem Teig mehrere gleich große Teighäufchen ausstechen und zu Kugeln formen. Diese vor dem Einsetzen in die Form in der Öl-Gewürz-Mischung wälzen. Die Kugeln sollen in der Form so eng wie möglich nebeneinandergereiht werden.

5 Die Buchteln für mindestens 20 Minuten auf die unterste Einschubleiste in den kalten bis maximal lauwarmen Backofen stellen. Die Buchteln anschließend im Rohr lassen und den Ofen auf ca. 180 °C Heißluft oder 200 °C Unter/Oberhitze einstellen.

6 Die Buchteln sind fertig, wenn sie eine schöne Farbe annehmen und beim Einstechen mit einem Spieß kein Teig mehr am Spieß kleben bleibt. Backdauer ca. 25 bis 40 Minuten.

Fladenbrot für Vollkorneinsteiger

- vegan
- vegetarisch
- eifrei
- milchfrei

Kcal: 1084.73, Eiweiß (g): 35.45, Fett (g): 13.92, KH (g): 200.98, BE: 16.74

ZUTATEN

Für ca. ein halbes Backblech. Die Menge kann beliebig reduziert oder vervielfacht werden.

Teig

lauwarmes Wasser
¼ Würfel frische Hefe (ca. 10 g)
100 g Weizenvollkornmehl, ersatzweise Dinkel-, Emmer-, Einkorn- oder Kamut-Vollkornmehl
200 g Weizenmehl, glatt
ca. 4–5 g Salz
ca. 1 EL Brotgewürz oder beliebige andere Gewürze

Belag

1–2 EL Öl (8–16 g) zum Bestreichen
ev. zusätzlich beliebige Gewürze, Saaten etc. zum Bestreuen

ZUBEREITUNG

1 Ein Backblech mit Backpapier auskleiden.

2 Ca. eine halbe Tasse Wasser in eine große Teigschüssel gießen. Den Hefewürfel ins Wasser setzen und beides mit einer Gabel verrühren.

3 Die trockenen Zutaten für den Teig der Reihe nach in die Schüssel geben und mit der Gabel grob vermengen, damit sich die Gewürze gut im Mehl verteilen. Nun alles mit der Gabel verrühren und so viel Wasser untermischen, dass die Gabel im fertigen Teig stehen bleibt und nicht umfällt. Fällt die Gabel um, ist der Teig zu weich und das Brot wird speckig. Ist noch Mehl in der Schüssel, das der Teig nicht aufnehmen kann, noch etwas Wasser hinzufügen.

4 Den Teig mithilfe einer Teigkarte aus der Schüssel holen und auf das Blech gleiten lassen. Ca. 2 Hände voll Wasser in die Schüssel füllen und die Teigkarte immer eintauchen, während der Teig in Form gestrichen wird.

5 Gewürze und die Zutaten für den Belag auf der Flade verteilen und sie anschließend mit Öl bestreichen. Erst zum Schluss mit den Fingern oder einem Kochlöffelstiel Vertiefungen in die Flade drücken.

6 Die Flade mindestens 20 Minuten an einem warmen Ort aufgehen lassen.

7 Den Backofen auf 190 °C Heißluft oder 210 °C Unter/Oberhitze vorheizen. Die Flade auf die unterste Backofenschiene schieben und 25 bis 30 Minuten backen. Je länger sie gebacken wird, desto härter und knuspriger wird sie. Die Flade ist fertig, wenn sie Farbe annimmt, sich an der Oberseite nicht mehr teigig-weich und an der Unterseite kompakt-knusprig anfühlt.

8 Die fertig gebackene Flade entweder auf einem Gitter (so bleibt sie knusprig) oder mit einem Geschirrtuch abgedeckt (so wird sie weicher) auskühlen lassen.

Fladenbrot

- vegan
- vegetarisch
- eifrei
- milchfrei

Kcal: 880.23, Eiweiß (g): 31.88, Fett (g): 13.84, KH (g): 154.36, BE: 12.86

ZUTATEN

Für gut ein Drittel eines Backblechs, die Menge kann beliebig reduziert oder vervielfacht werden

Teig

lauwarmes Wasser
¼ Würfel frische Hefe (ca. 10 g)
250 g Weizenvollkornmehl, ersatzweise Dinkel-, Emmer-, Einkorn- oder Kamut-Vollkornmehl
ca. 4–5 g Salz oder Kräutersalz
¼ TL Brotgewürz oder Kräuter, zum Beispiel Rosmarin, Thymian oder beliebige andere Kräuter

Belag

1–2 EL Öl (8–16 g) zum Bestreichen
ev. zusätzlich beliebige Gewürze, Saaten etc. zum Bestreuen

ZUBEREITUNG

1 Ein Backblech mit Backpapier auskleiden.

2 Ca. eine halbe Tasse Wasser in eine große Teigschüssel gießen. Den Hefewürfel ins Wasser setzen und beides mit einer Gabel verrühren.

3 Die trockenen Zutaten für den Teig der Reihe nach in die Schüssel geben und mit der Gabel grob vermengen, damit sich die Gewürze gut im Mehl verteilen. Nun alles mit der Gabel verrühren und so viel Wasser untermischen, dass die Gabel im fertigen Teig stehen bleibt und nicht umfällt. Fällt die Gabel um, ist der Teig zu weich und das Brot wird speckig. Ist noch Mehl in der Schüssel, das der Teig nicht aufnehmen kann, noch etwas Wasser hinzufügen.

4 Den Teig mithilfe einer Teigkarte aus der Schüssel holen und auf das Blech gleiten lassen. Ca. 2 Hände voll Wasser in die Schüssel füllen und die Teigkarte immer eintauchen, während der Teig in Form gestrichen wird.

5 Gewürze und die Zutaten für den Belag auf der Flade verteilen und sie anschließend mit Öl bestreichen. Erst zum Schluss mit den Fingern oder einem Kochlöffelstiel Vertiefungen in die Flade drücken.

6 Die Flade mindestens 20 Minuten an einem warmen Ort aufgehen lassen.

7 Den Backofen auf 190 °C Heißluft oder 210 °C Unter/Oberhitze vorheizen. Die Flade auf die unterste Backofenschiene schieben und 25 bis 30 Minuten backen. Je länger sie gebacken wird, desto härter und knuspriger wird sie. Die Flade ist fertig, wenn sie Farbe annimmt, sich an der Oberseite nicht mehr teigig-weich und an der Unterseite kompakt-knusprig anfühlt.

8 Die fertig gebackene Flade entweder auf einem Gitter (so bleibt sie knusprig) oder mit einem Geschirrtuch abgedeckt (so wird sie weicher) auskühlen lassen.

Olivenfladenbrot

- vegan
- vegetarisch
- eifrei
- milchfrei

Kcal: 936.23, Eiweiß (g): 32.43, Fett (g): 19.40, KH (g): 155.08, BE: 12.92

ZUTATEN

Für gut ein Drittel eines Backblechs, die Menge kann beliebig reduziert oder vervielfacht werden

Teig

lauwarmes Wasser
ca. ¼ Würfel frische Hefe (ca. 10 g)
250 g Weizenvollkornmehl, ersatzweise Dinkel-, Emmer-, Einkorn- oder Kamut-Vollkornmehl
ca. 4 g Kräutersalz
1–2 gut gehäufte Msp. Rosmarin, Pizzakräuter oder beliebige andere Kräuter
ca. 40 g Oliven, klein gehackt oder in Scheiben geschnitten

Belag

2–3 Msp. von jenen Kräutern, die für den Teig verwendet wurden
ev. schwarzer und heller Sesam zum Bestreuen
1–2 EL Olivenöl (8–16 g)

ZUBEREITUNG

1 Ein Backblech mit Backpapier auskleiden.

2 Ca. eine halbe Tasse Wasser in eine große Teigschüssel gießen. Den Hefewürfel ins Wasser setzen und beides mit einer Gabel verrühren.

3 Die trockenen Zutaten für den Teig der Reihe nach in die Schüssel geben und mit der Gabel grob vermengen, damit sich die Gewürze gut im Mehl verteilen. Nun alles mit der Gabel verrühren und so viel Wasser untermischen, dass die Gabel im fertigen Teig stehen bleibt und nicht umfällt. Fällt die Gabel um, ist der Teig zu weich und das Brot wird speckig. Ist noch Mehl in der Schüssel, das der Teig nicht aufnehmen kann, noch etwas Wasser hinzufügen.

4 Den Teig mithilfe einer Teigkarte aus der Schüssel holen und auf das Blech gleiten lassen. Ca. 2 Hände voll Wasser in die Schüssel füllen und die Teigkarte immer eintauchen, während der Teig in Form gestrichen wird.

5 Die Gewürze und die Zutaten für den Belag auf der Flade verteilen und sie anschließend mit Öl bestreichen. Erst zum Schluss mit den Fingern oder einem Kochlöffelstiel Vertiefungen in die Flade drücken.

6 Die Flade mindestens 20 Minuten an einem warmen Ort aufgehen lassen.

7 Den Backofen auf 190 °C Heißluft oder 210 °C Unter/Oberhitze vorheizen. Die Flade auf die unterste Backofenschiene schieben und 25 bis 30 Minuten backen. Je länger sie gebacken wird, desto härter und knuspriger wird sie. Die Flade ist fertig, wenn sie Farbe annimmt, sich an der Oberseite nicht mehr teigig-weich und an der Unterseite kompakt-knusprig anfühlt.

8 Die fertig gebackene Flade entweder auf einem Gitter (so bleibt sie knusprig) oder mit einem Geschirrtuch abgedeckt (so wird sie weicher) auskühlen lassen.

Speckfladenbrot

eifrei
milchfrei

Kcal: 939.83, Eiweiß (g): 40.17, Fett (g): 16.94, KH (g): 154.37, BE: 12.86

ZUTATEN

Für gut ein Drittel eines Backblechs, die Menge kann beliebig reduziert oder vervielfacht werden.

Teig

lauwarmes Wasser
¼ Würfel frische Hefe (ca. 10 g)
250 g Weizenvollkornmehl, ersatzweise Dinkel-, Emmer-, Einkorn- oder Kamut-Vollkornmehl
ca. 4 g Kräutersalz
1–2 gut gehäufte Msp. Thymian oder beliebige andere Kräuter

Belag

2–3 Msp. von jenen Kräutern, die für den Teig verwendet wurden
2–3 Msp. Chiliflocken
1–2 EL Olivenöl (8–16 g)
ca. 40 g Tiroler Speck, in kleine Würfel oder feine Streifen schneiden

ZUBEREITUNG

1 Ein Backblech mit Backpapier auskleiden.

2 Ca. eine halbe Tasse Wasser in eine große Teigschüssel gießen. Den Hefewürfel ins Wasser setzen und beides mit einer Gabel verrühren.

3 Die trockenen Zutaten für den Teig der Reihe nach in die Schüssel geben und mit der Gabel grob vermengen, damit sich die Gewürze gut im Mehl verteilen. Nun alles mit der Gabel verrühren und so viel Wasser untermischen, dass die Gabel im fertigen Teig stehen bleibt und nicht umfällt. Fällt die Gabel um, ist der Teig zu weich und das Brot wird speckig. Ist noch Mehl in der Schüssel, das der Teig nicht aufnehmen kann, noch etwas Wasser hinzufügen.

4 Den Teig mithilfe einer Teigkarte aus der Schüssel holen und auf das Blech gleiten lassen. Ca. 2 Hände voll Wasser in die Schüssel füllen und die Teigkarte immer eintauchen, während der Teig in Form gestrichen wird.

5 Kräuter und Chiliflocken auf die Flade streuen, mit Öl bestreichen und anschließend mit Speck bestreuen. Erst zum Schluss mit den Fingern oder einem Kochlöffelstiel Vertiefungen in die Flade drücken.

6 Die Flade mindestens 20 Minuten an einem warmen Ort aufgehen lassen.

7 Den Backofen auf 190 °C Heißluft oder 210 °C Unter/Oberhitze vorheizen. Die Flade auf die unterste Backofenschiene schieben und 25 bis 30 Minuten backen. Je länger sie gebacken wird, desto härter und knuspriger wird sie. Die Flade ist fertig, wenn sie Farbe annimmt, sich an der Oberseite nicht mehr teigig-weich und an der Unterseite kompakt-knusprig anfühlt.

8 Die fertig gebackene Flade entweder auf einem Gitter (so bleibt sie knusprig) oder mit einem Geschirrtuch abgedeckt (so wird sie weicher) auskühlen lassen.

Zwiebel-Sardellen-Fladenbrot

- eifrei
- milchfrei

Kcal: 916.23, Eiweiß (g): 36.65, Fett (g): 14.45, KH (g): 157.32, BE: 13.11

ZUTATEN

Für gut ein Drittel eines Backblechs, die Menge kann beliebig reduziert oder vervielfacht werden

Teig

lauwarmes Wasser
¼ Würfel frische Hefe (ca. 10 g)
250 g Weizenvollkornmehl, ersatzweise Dinkel-, Emmer-, Einkorn- oder Kamut-Vollkornmehl
ca. 4 g Kräutersalz
½ TL Pizzagewürz

Belag

2–3 Msp. von jenen Kräutern, die für den Teig verwendet wurden
ca. 20 g Sardellen, klein geschnitten
ca. 60 g rote oder gelbe Zwiebeln, in dünne Ringe hobeln oder klein schneiden
ev. 1 EL schwarzer Sesam
1–2 EL Öl von den eingelegten Sardellen (8–16 g)

ZUBEREITUNG

1 Ein Backblech mit Backpapier auskleiden.

2 Ca. eine halbe Tasse Wasser in eine große Teigschüssel gießen. Den Hefewürfel ins Wasser setzen und beides mit einer Gabel verrühren.

3 Die trockenen Zutaten für den Teig der Reihe nach in die Schüssel geben und mit der Gabel grob vermengen, damit sich die Gewürze gut im Mehl verteilen. Nun alles mit der Gabel verrühren und so viel Wasser untermischen, dass die Gabel im fertigen Teig stehen bleibt und nicht umfällt. Fällt die Gabel um, ist der Teig zu weich und das Brot wird speckig. Ist noch Mehl in der Schüssel, das der Teig nicht aufnehmen kann, noch etwas Wasser hinzufügen.

4 Den Teig mithilfe einer Teigkarte aus der Schüssel holen und auf das Blech gleiten lassen. Ca. 2 Hände voll Wasser in die Schüssel füllen und die Teigkarte immer eintauchen, während der Teig in Form gestrichen wird.

5 Die Zutaten für den Belag auf der Flade verteilen, abschließend mit dem Öl bestreichen. Erst zum Schluss mit den Fingern oder einem Kochlöffelstiel Vertiefungen in die Flade drücken.

6 Die Flade mindestens 20 Minuten an einem warmen Ort aufgehen lassen.

7 Den Backofen auf 190 °C Heißluft oder 210 °C Unter/Oberhitze vorheizen. Die Flade auf die unterste Backofenschiene schieben und 25 bis 30 Minuten backen. Je länger sie gebacken wird, desto härter und knuspriger wird sie. Die Flade ist fertig, wenn sie Farbe annimmt, sich an der Oberseite nicht mehr teigig-weich und an der Unterseite kompakt-knusprig anfühlt.

8 Die fertig gebackene Flade entweder auf einem Gitter (so bleibt sie knusprig) oder mit einem Geschirrtuch abgedeckt (so wird sie weicher) auskühlen lassen.

Einkorn-Ziegenkäse-Flade

- vegetarisch
- eifrei
- milchfrei

Kcal: 977.73, Eiweiß (g): 38.36, Fett (g): 21.94, KH (g): 154.37, BE: 12.86

ZUTATEN

Für gut ein Drittel eines Backblechs, die Menge kann beliebig reduziert oder vervielfacht werden.

Teig

lauwarmes Wasser
¼ Würfel frische Hefe (ca. 10 g)
250 g Einkorn-Vollkornmehl
ca. 4–5 g Kräutersalz
1–2 gut gehäufte Msp. Thymian oder beliebige andere Kräuter

Belag

2–3 Msp. von jenen Kräutern, die für den Teig verwendet wurden
2–3 Msp. Chiliflocken
1–2 EL Olivenöl (8–16 g)
30–50 g Ziegenschnittkäse oder Hartkäse, grob gerieben

ZUBEREITUNG

1 Ein Backblech mit Backpapier auskleiden.

2 Ca. eine halbe Tasse Wasser in eine große Teigschüssel gießen. Den Hefewürfel ins Wasser setzen und beides mit einer Gabel verrühren.

3 Die trockenen Zutaten für den Teig der Reihe nach in die Schüssel geben und mit der Gabel grob vermengen, damit sich die Gewürze gut im Mehl verteilen. Nun alles mit der Gabel verrühren und so viel Wasser untermischen, dass die Gabel im fertigen Teig stehen bleibt und nicht umfällt. Fällt die Gabel um, ist der Teig zu weich und das Brot wird speckig. Ist noch Mehl in der Schüssel, das der Teig nicht aufnehmen kann, noch etwas Wasser hinzufügen.

4 Den Teig mithilfe einer Teigkarte aus der Schüssel holen und auf das Blech gleiten lassen. Ca. 2 Hände voll Wasser in die Schüssel füllen und die Teigkarte immer eintauchen, während der Teig in Form gestrichen wird.

5 Kräuter und Chiliflocken auf der Flade verteilen. Anschließend mit Öl bestreichen und den Käse darüber streuen. Erst zum Schluss mit den Fingern oder einem Kochlöffelstiel Vertiefungen in die Flade drücken.

6 Die Flade mindestens 20 Minuten an einem warmen Ort aufgehen lassen.

7 Den Backofen auf 190 °C Heißluft oder 210 °C Unter/Oberhitze vorheizen. Die Flade auf die unterste Backofenschiene schieben und 25 bis 30 Minuten backen. Je länger sie gebacken wird, desto härter und knuspriger wird sie. Die Flade ist fertig, wenn sie Farbe annimmt, sich an der Oberseite nicht mehr teigig-weich und an der Unterseite kompakt-knusprig anfühlt.

8 Die fertig gebackene Flade entweder auf einem Gitter (so bleibt sie knusprig) oder mit einem Geschirrtuch abgedeckt (so wird sie weicher) auskühlen lassen.

Knoblauch-Sesam-Stangerl

- vegan
- vegetarisch
- eifrei, wenn ohne Ei bestrichen
- milchfrei, wenn ohne Milch bestrichen

Kcal: 1012.36, Eiweiß (g): 33.96, Fett (g): 26.86, KH (g): 156.83, BE: 13.07

ZUTATEN

Für mindestens 12 Stangerl, je nach Größe. Die Menge kann beliebig geteilt oder vervielfacht werden.

Teig

lauwarmes Wasser
¼ Würfel frische Hefe (ca. 10 g)
250 g Weizenvollkornmehl, ersatzweise Dinkel-, Emmer-, Einkorn- oder Kamut-Vollkornmehl
ca. 4–5 g Kräutersalz
3 Msp. Rosmarin oder beliebige andere Kräuter
10 g schwarzer Sesam, ersatzweise herkömmlicher Sesam
1–2 Zehen Knoblauch, klein gehackt oder gepresst
2 EL Olivenöl (16 g)

zum Ausfertigen

Wasser und eventuell beliebige weitere Zutaten zum Bestreichen und Bestreuen

ZUBEREITUNG

1 Ein Backblech mit Backpapier auskleiden.

2 Ca. eine halbe Tasse Wasser in eine große Teigschüssel gießen. Den Hefewürfel ins Wasser setzen und beides mit einer Gabel verrühren.

3 Die Zutaten für den Teig der Reihe nach in die Schüssel geben und mit der Gabel grob vermengen, damit sich die Gewürze gut im Mehl verteilen. Nun alles mit der Gabel verrühren und so viel Wasser untermischen, dass der Teig gerade noch bindet. Er soll nicht klebrig sein, sonst lassen sich keine Stangerl formen, aber auch nicht ganz fest, sonst reißt der Teig beim Ausrollen.

4 Den Teig zugedeckt ca. 10 Minuten ruhen lassen. Ganz frisch lässt sich der Teig nicht so gut ausrollen, daher ist eine kurze Ruhezeit ideal. In der Zwischenzeit die Zutaten zum Bestreichen und Bestreuen vorbereiten.

5 Aus dem Teig eine kleine Rolle formen, Stücke abschneiden und diese wiederum zu Stangerln ausrollen. Den Vorgang so lange wiederholen, bis alle Stangerl die gewünschte Länge und Dicke aufweisen.

6 Die Stangerl auf das Backblech setzen, zuerst mit Wasser, dann eventuell mit Milch oder Ei bestreichen, beliebig bestreuen und in den kalten Backofen schieben. Den Backofen schließen und die Stangerl ca. 15 Minuten rasten lassen.

7 Den Ofen auf 200 °C Heißluft oder 220 °C Unter/Oberhitze einstellen. Die Stangerl können während der Aufheizzeit im Ofen bleiben. Die Backdauer hängt von der Größe und der Dicke ab und kann von 8 bis 25 Minuten variieren. Die Stangerl sind fertig, wenn sie schön bräunen und beim Hochheben nicht mehr abknicken.

8 Die Stangerl nach dem Backen auf einem Gitter auskühlen lassen. Ausgekühlt im kalten Backofen aufbewahren oder, wenn sie aushärten sollen, an der Luft.

Tipp

Die weichen Brotstangerl sind ideal für Dips, Saucen, zum Salat, als Knabbergebäck, zu Gegrilltem etc.

Kräuterstangerl

- vegan
- vegetarisch
- eifrei, wenn ohne Ei bestrichen
- milchfrei, wenn ohne Milch bestrichen

Kcal: 1019.99, Eiweiß (g): 31.88, Fett (g): 29.78, KH (g): 154.41, BE: 12.87

ZUTATEN

Für mindestens 12 Stangerl, je nach Größe. Die Menge kann beliebig geteilt oder vervielfacht werden.

Teig

lauwarmes Wasser
¼ Würfel frische Hefe (ca. 10 g)
250 g Weizenvollkornmehl, ersatzweise Dinkel-, Emmer-, Einkorn- oder Kamut-Vollkornmehl
ca. 4–5 g Kräutersalz
1–2 TL Pizzakräuter oder beliebige andere Kräuter
3 EL aromatisches Olivenöl (24 g)

zum Ausfertigen

Wasser und eventuell beliebige weitere Zutaten zum Bestreichen und Bestreuen

ZUBEREITUNG

1 Ein Backblech mit Backpapier auskleiden.

2 Ca. eine halbe Tasse Wasser in eine große Teigschüssel gießen. Den Hefewürfel ins Wasser setzen und beides mit einer Gabel verrühren.

3 Die Zutaten für den Teig der Reihe nach in die Schüssel geben und mit der Gabel grob vermengen, damit sich die Gewürze gut im Mehl verteilen. Nun alles mit der Gabel verrühren und so viel Wasser untermischen, dass der Teig gerade noch bindet. Er soll nicht klebrig sein, sonst lassen sich keine Stangerl formen, aber auch nicht ganz fest, sonst reißt der Teig beim Ausrollen.

4 Den Teig zugedeckt ca. 10 Minuten ruhen lassen. Ganz frisch lässt sich der Teig nicht so gut ausrollen, daher ist eine kurze Ruhezeit ideal. In der Zwischenzeit die Zutaten zum Bestreichen und Belegen vorbereiten.

5 Aus dem Teig eine kleine Rolle formen, Stücke abschneiden und diese wiederum zu Stangerln ausrollen. Den Vorgang so lange wiederholen, bis alle Stangerl die gewünschte Länge und Dicke aufweisen.

6 Die Stangerl auf das Backblech setzen, zuerst mit Wasser, dann eventuell mit Milch oder Ei bestreichen, beliebig bestreuen und in den kalten Backofen schieben. Den Backofen schließen und die Stangerl ca. 15 Minuten rasten lassen.

7 Den Ofen auf 200 °C Heißluft oder 220 °C Unter/Oberhitze einstellen. Die Stangerl können während der Aufheizzeit im Ofen bleiben. Die Backdauer hängt von der Größe und der Dicke ab und kann von 8 bis 25 Minuten variieren. Die Stangerl sind fertig, wenn sie schön bräunen und beim Hochheben nicht mehr abknicken.

8 Die Stangerl nach dem Backen auf einem Gitter auskühlen lassen. Ausgekühlt im kalten Backofen aufbewahren oder, wenn sie aushärten sollen, an der Luft.

Sonnenblumen-Tomaten-Stangerl

- vegan
- vegetarisch
- eifrei, wenn ohne Ei bestrichen
- milchfrei, wenn ohne Milch bestrichen

Kcal: 986.75, Eiweiß (g): 38.97, Fett (g): 20.65, KH (g): 158.86, BE: 13.24

ZUTATEN

Für mindestens 12 Stangerl, je nach Größe. Die Menge kann beliebig geteilt oder vervielfacht werden.

Teig

lauwarmes Wasser
¼ Würfel frische Hefe (ca. 10 g)
250 g Weizenvollkornmehl, ersatzweise Dinkel-, Emmer-, Einkorn- oder Kamut-Vollkornmehl
4–5 g Kräutersalz
1 TL Basilikum
ca. 30 g Sonnenblumenkerne
ev. 1–3 Knoblauchzehen und 1–2 Chilischoten
ca. 40 g eingelegte und abgetropfte getrocknete Tomaten, klein geschnitten

zum Ausfertigen

Wasser und eventuell beliebige weitere Zutaten zum Bestreichen und Bestreuen

ZUBEREITUNG

1 Ein Backblech mit Backpapier auskleiden.

2 Ca. eine halbe Tasse Wasser in eine große Teigschüssel gießen. Den Hefewürfel ins Wasser setzen und beides mit einer Gabel verrühren.

3 Die Zutaten für den Teig der Reihe nach in die Schüssel geben und mit der Gabel grob vermengen, damit sich die Gewürze gut im Mehl verteilen. Nun alles mit der Gabel verrühren und so viel Wasser untermischen, dass der Teig gerade noch bindet. Er soll nicht klebrig sein, sonst lassen sich keine Stangerl formen, aber auch nicht ganz fest, sonst reißt der Teig beim Ausrollen.

4 Den Teig zugedeckt ca. 10 Minuten ruhen lassen. Ganz frisch lässt sich der Teig nicht so gut ausrollen, daher ist eine kurze Ruhezeit ideal. In der Zwischenzeit die Zutaten zum Bestreichen und Belegen vorbereiten.

5 Aus dem Teig eine kleine Rolle formen, Stücke abschneiden und diese wiederum zu Stangerln ausrollen. Den Vorgang so lange wiederholen, bis alle Stangerl die gewünschte Länge und Dicke aufweisen.

6 Die Stangerl auf das Backblech setzen, zuerst mit Wasser, dann eventuell mit Milch oder Ei bestreichen, beliebig bestreuen und in den kalten Backofen schieben. Den Backofen schließen und die Stangerl ca. 15 Minuten rasten lassen.

7 Dann den Ofen auf 200 °C Heißluft oder 220 °C Unter/Oberhitze einstellen. Die Stangerl können während der Aufheizzeit im Ofen bleiben. Die Backdauer hängt von der Größe und der Dicke ab und kann von 8 bis 25 Minuten variieren. Die Stangerl sind fertig, wenn sie schön bräunen und beim Hochheben nicht mehr abknicken.

8 Die Stangerl nach dem Backen auf einem Gitter auskühlen lassen. Ausgekühlt im kalten Backofen aufbewahren oder, wenn sie aushärten sollen, an der Luft.

Milchgebäck

Hefeteig
süß

vegetarisch

Kcal: 1296.27, Eiweiß (g): 40.37, Fett (g): 45.85, KH (g): 178.94, BE: 14.91

ZUBEREITUNG

1 Ein Backblech vorbereiten. Soll Brot in der Form gebacken werden, diese mit Backpapier auskleiden oder ausfetten und bemehlen.

2 Einen großen Edelstahltopf vorbereiten, in dem alle Zutaten Platz haben. Die Zitronenschale in den Topf raspeln und die Butter hinzufügen. Alles vermengen und die Butter auf sehr geringer Stufe schmelzen lassen.

3 Sobald die Butter geschmolzen ist, Milch und Honig hinzufügen und alles unter Rühren leicht erwärmen. Die Mischung darf maximal handwarm sein. Vom Herd nehmen und dann die restlichen Zutaten, bis auf die Hefe und das Wasser, in den Topf geben.

ZUTATEN

Für 3 bis 6 Brötchen (je nach gewählter Größe), 1 kleine Kastenform, 1 kleinen Brotlaib oder bei Fladenbrot für gut ein Drittel Backblech. Die Menge kann beliebig reduziert oder vervielfacht werden.

Teig

Schale einer Biozitrone oder -orange
40 g weiche oder geschmolzene Butter
30 g lauwarme Milch
30 g flüssiger Honig oder Zucker
1 Ei, beliebige Größe
ev. Rosinen, Mandelsplitter, Cranberrys etc.
250 g Weizenvollkornmehl, ersatzweise Dinkel-, Emmer-, Einkorn- oder Kamut-Vollkornmehl
1–2 g Salz
beliebige Gewürze, zum Beispiel Vanille
⅓ Würfel frische Hefe (ca. 14 g)
lauwarmes Wasser

zum Ausfertigen

Wasser und eventuell beliebige weitere Zutaten zum Bestreichen und Bestreuen

4 Am Topfrand eine Grube eindrücken und die Hefe im Ganzen hineinsetzen. Circa eine halbe kleine Tasse lauwarmes Wasser über den Hefewürfel gießen und diesen mit der Gabel immer wieder gegen die Schüsselwand drücken, bis er sich aufgelöst hat. Sobald die Hefe flüssig ist, alle Zutaten mit der Gabel vermengen und so viel lauwarmes Wasser untermischen, dass die Gabel im fertigen Teig stehen bleibt und nicht umfällt, sonst ist der Teig zu weich und das Brot wird speckig. Bleibt Mehl in der Schüssel, das der Teig nicht aufnehmen kann, noch etwas Wasser hinzufügen.

5 Der Teig kann sofort weiterverarbeitet werden. Aus dem Teig ein Brot bzw. Brötchen formen. **Brötchen/Brotlaib ohne Form:** Der Teig darf nicht zu klebrig sein. Brötchen/Brotlaib am besten mit der nassen Hand oder einer nassen Teigkarte formen. **Brotlaib in der Form:** Für das Backen in der Form darf der Teig etwas weicher und klebriger sein. Die Gabel soll aber trotzdem nicht im fertigen Teig umfallen.

6 Das Gebäck zuerst mit Wasser und dann eventuell mit Ei oder Milch bestreichen und nach Belieben bestreuen.

7 Das Blech mitsamt dem Gebäck in den kalten oder max. auf 30 °C vorgeheizten Backofen auf die unterste oder zweite Einschubleiste schieben. So lange rasten lassen, bis der geformte Teig schön aufgegangen ist. Das dauert ca. 15 bis 30 Minuten.

8 Den Ofen auf ca. 170 °C Heißluft, 190 °C Unter/Oberhitze einstellen. Die Teiglinge können während der Aufheizzeit im Ofen bleiben. Brötchen sind in 25 bis 35 Minuten fertig gebacken (gerechnet ab dem Zeitpunkt, ab dem der Ofen heiß ist). Ein Brotlaib muss für 45 bis 60 Minuten in den Backofen.

9 So lange backen, bis das Gebäck eine schöne helle Farbe annimmt. Süßes Brot darf weicher sein als herkömmliches. Wenn Sie sich nicht sicher sind, ob das Brot durchgebacken ist, stechen Sie mit einem Spieß in die Mitte. Bleibt kein Teig kleben, ist das Gebäck fertig.

10 Das Gebäck nach dem Backen sofort vom Blech oder aus der Form nehmen und auf einem Gitter auskühlen lassen.

Tipp

Weichen Sie die Rosinen am Vortag in Rum ein. Das macht das Gebäck besonders saftig. Den Rum können Sie mitverwenden.

Rosinenbrötchen und -brot

- vegetarisch
- eifrei, wenn ohne Ei bestrichen
- milchfrei, wenn ohne Milch bestrichen und mit Öl zubereitet

Kcal: 1170.27, Eiweiß (g): 33.99, Fett (g): 22.84, KH (g): 202.64, BE: 16.89

ZUTATEN

Für 3 bis 6 Brötchen (je nach gewählter Größe), 1 kleine Kastenform, 1 kleinen Brotlaib oder bei Fladenbrot für gut ein Drittel Backblech. Die Menge kann beliebig reduziert oder vervielfacht werden.

Teig

lauwarmes Wasser
⅓ Würfel frische Hefe (ca. 14 g)
250 g Weizenvollkornmehl, ersatzweise Dinkel-, Emmer-, Einkorn- oder Kamut-Vollkornmehl
1 Prise Salz (ca. 1 g)
ev. Vanille und Zimt
ca. 50 g Rosinen
20 g weiche Butter, ersatzweise Öl
20 g flüssiger Honig

zum Ausfertigen

Wasser und eventuell beliebige weitere Zutaten zum Bestreichen und Bestreuen

ZUBEREITUNG

1 Ein Backblech vorbereiten. Soll Brot in der Form gebacken werden, diese mit Backpapier auskleiden oder ausfetten und bemehlen.

2 Ca. eine halbe Tasse lauwarmes Wasser in eine große Teigschüssel gießen. Den Hefewürfel in das Wasser setzen und mit einer Gabel verrühren.

3 Die Zutaten der Reihe nach in die Schüssel geben und mit der Gabel grob vermengen, damit sich die Gewürze gut im Mehl verteilen. Anschließend alle Zutaten mit der Gabel verrühren und so viel Wasser untermischen, dass die Gabel im fertigen Teig stehen bleibt und nicht umfällt, sonst ist der Teig zu weich und das Brot wird speckig. Bleibt Mehl in der Schüssel, das der Teig nicht aufnehmen kann, noch etwas Wasser hinzufügen.

4 Der Teig kann sofort weiterverarbeitet werden. Aus dem Teig ein Brot bzw. Brötchen formen. **Brötchen/Brotlaib ohne Form:** Der Teig darf nicht zu klebrig sein. Brötchen/Brotlaib am besten mit der nassen Hand oder einer nassen Teigkarte formen. **Brotlaib in der Form:** Für das Backen in der Form darf der Teig etwas weicher und klebriger sein. Die Gabel soll aber trotzdem nicht im fertigen Teig umfallen.

5 Das Gebäck zuerst mit Wasser und dann eventuell mit Ei oder Milch bestreichen und nach Belieben bestreuen.

6 Das Blech mitsamt dem Gebäck in den kalten oder max. auf 30 °C vorgeheizten Backofen auf die unterste oder zweite Einschubleiste schieben. So lange rasten lassen, bis der geformte Teig schön aufgegangen ist. Das dauert ca. 15 bis 30 Minuten.

7 Den Ofen auf ca. 170 °C Heißluft, 190 °C Unter/Oberhitze einstellen. Die Teiglinge können während der Aufheizzeit im Ofen bleiben. Brötchen sind in 25 bis 35 Minuten fertig gebacken (gerechnet ab dem Zeitpunkt, ab dem der Ofen heiß ist). Ein Brotlaib muss für 45 bis 60 Minuten in den Backofen.

8 So lange backen, bis das Gebäck eine schöne helle Farbe annimmt. Süßes Brot darf weicher sein als herkömmliches. Wenn Sie sich nicht sicher sind, ob das Brot durchgebacken ist, stechen Sie mit einem Spieß in die Mitte. Bleibt kein Teig kleben, ist das Gebäck fertig.

9 Das Gebäck nach dem Backen sofort vom Blech oder aus der Form nehmen und auf einem Gitter auskühlen lassen.

Studentenfuttergebäck

- vegan, bei Verwendung von Öl statt Butter
- vegetarisch
- eifrei, wenn ohne Ei bestrichen
- milchfrei, bei Verwendung von Öl statt Butter

Kcal: 1149.07, Eiweiß (g): 35.78, Fett (g): 34.87, KH (g): 170.04, BE: 14.20

ZUTATEN

Für 3 bis 6 Brötchen (je nach gewählter Größe), 1 kleine Kastenform, 1 kleinen Brotlaib oder bei Fladenbrot für gut ein Drittel Backblech. Die Menge kann beliebig reduziert oder vervielfacht werden.

Teig

lauwarmes Wasser
⅓ Würfel frische Hefe (ca. 14 g)
250 g Weizenvollkornmehl, ersatzweise Dinkel-, Emmer-, Einkorn- oder Kamut-Vollkornmehl
40–80 g Studentenfutter, ganz oder grob gehackt
eine kräftige Prise Salz (1–2 g)
beliebige Gewürze, zum Beispiel Zimt, Ingwer, Anis, Vanille, Bio-Zitronenschale
20 g weiche Butter, ersatzweise Öl

zum Ausfertigen

Wasser und eventuell beliebige weitere Zutaten zum Bestreichen und Bestreuen

ZUBEREITUNG

1 Ein Backblech vorbereiten. Soll Brot in der Form gebacken werden, diese mit Backpapier auskleiden oder ausfetten und bemehlen.

2 Ca. eine halbe Tasse lauwarmes Wasser in eine große Teigschüssel gießen. Den Hefewürfel in das Wasser setzen und mit einer Gabel verrühren.

3 Die Zutaten der Reihe nach in die Schüssel geben und mit der Gabel grob vermengen, damit sich die Gewürze gut im Mehl verteilen. Anschließend alle Zutaten mit der Gabel verrühren und so viel Wasser untermischen, dass die Gabel im fertigen Teig stehen bleibt und nicht umfällt, sonst ist der Teig zu weich und das Brot wird speckig. Bleibt Mehl in der Schüssel, das der Teig nicht aufnehmen kann, noch etwas Wasser hinzufügen.

4 Der Teig kann sofort weiterverarbeitet werden. Aus dem Teig ein Brot bzw. Brötchen formen. **Brötchen/Brotlaib ohne Form:** Der Teig darf nicht zu klebrig sein. Brötchen/Brotlaib am besten mit der nassen Hand oder einer nassen Teigkarte formen. **Brotlaib in der Form:** Für das Backen in der Form darf der Teig etwas weicher und klebriger sein. Die Gabel soll aber trotzdem nicht im fertigen Teig umfallen.

5 Das Gebäck zuerst mit Wasser und dann eventuell mit Ei oder Milch bestreichen und nach Belieben bestreuen.

6 Das Blech mitsamt dem Gebäck in den kalten oder max. auf 30 °C vorgeheizten Backofen auf die unterste oder zweite Einschubleiste schieben. So lange rasten lassen, bis der geformte Teig schön aufgegangen ist. Das dauert ca. 15 bis 30 Minuten.

7 Den Ofen auf ca. 170 °C Heißluft, 190 °C Unter/Oberhitze einstellen. Die Teiglinge können während der Aufheizzeit im Ofen bleiben. **Brötchen** sind in 25 bis 35 Minuten fertig gebacken (gerechnet ab dem Zeitpunkt, ab dem der Ofen heiß ist). Ein **Brotlaib** muss für 45 bis 60 Minuten in den Backofen.

8 So lange backen, bis das Gebäck eine schöne helle Farbe annimmt. Süßes Brot darf weicher sein als herkömmliches. Wenn Sie sich nicht sicher sind, ob das Brot durchgebacken ist, stechen Sie mit einem Spieß in die Mitte. Bleibt kein Teig kleben, ist das Gebäck fertig.

9 Das Gebäck nach dem Backen sofort vom Blech oder aus der Form nehmen und auf einem Gitter auskühlen lassen.

Süße Brotbuchteln mit Nüssen und Trockenfrüchten

- vegetarisch
- milchfrei bei Verwendung von Öl statt Butter

Kcal: 1479.22, Eiweiß (g): 44.17, Fett (g): 50.84, KH (g): 207.32, BE: 17.33

ZUTATEN

Für ca. 7 kleine Buchteln, für runde Auflaufformen (16–20 cm Durchmesser) oder 1 kleine Kastenform. Die Menge kann beliebig reduziert oder vervielfacht werden.

Teig

Schale 1 Biozitrone oder -orange
10 g weiche oder geschmolzene Butter, ersatzweise beliebiges Öl
30 g flüssiger Honig oder Zucker
1 Ei, beliebige Größe
250 g Weizenvollkornmehl, ersatzweise Dinkel-, Emmer-, Einkorn- oder Kamut-Vollkornmehl
ca. 40 g Rosinen oder klein gehackte beliebige Trockenfrüchte, zum Beispiel Aprikosen (Marillen), Feigen oder Kirschen
ca. 30 g grob geriebene oder gehackte beliebige Nüsse
1 kräftige Prise Salz (1–2 g)
1 TL Zimt
ev. 1 Schuss Rum
⅓ Würfel frische Hefe (ca. 14 g)
lauwarmes Wasser

für die Form

15–20 g flüssige Butter, ersatzweise Öl
½ TL gemahlene Vanille

zum Ausfertigen

Wasser und eventuell beliebige weitere Zutaten zum Bestreichen und Bestreuen

ZUBEREITUNG

1 Die Zutaten – mit Ausnahme der Hefe und des Wassers – der Reihe nach in eine Schüssel füllen und alles mit einer Gabel verrühren.

2 Am Schüsselrand eine Grube eindrücken und die Hefe im Ganzen hineinsetzen. Eine halbe kleine Tasse lauwarmes Wasser darüber gießen und die Hefe mithilfe der Gabel immer wieder gegen die Schüsselwand drücken, bis sie sich aufgelöst hat.

3 Sobald die Hefe flüssig ist, alle Zutaten mit der Gabel vermengen. So viel Wasser untermischen, dass ein Teig entsteht, der so wenig wie möglich klebt. Der Teig soll so geschmeidig-weich wie ein Ohrläppchen sein.

4 Den Teig mit einem Geschirrtuch abdecken. In der Zwischenzeit die Butter und die Vanille in die Form geben und vermischen.

5 Aus dem Teig mehrere gleich große Teighäufchen ausstechen und zu Kugeln formen. Vor dem Einsetzen in die Form in der Ölmischung wälzen. Die Kugeln sollen in der Form so eng wie möglich nebeneinandergereiht werden.

6 Die Buchteln für mindestens 20 Minuten auf die unterste Einschubleiste in den kalten bis maximal lauwarmen Backofen stellen. Anschließend die Buchteln im Rohr lassen und den Ofen auf ca. 170 °C Heißluft oder 190 °C Unter/Oberhitze einstellen.

7 Die Buchteln sind fertig gebacken, wenn sie eine schöne helle Farbe annehmen und beim Einstechen mit einem Spieß kein Teig mehr am Spieß kleben bleibt. Backdauer ca. 25 bis 35 Minuten.

Die Buchteln schmecken warm als Hauptgericht mit Vanillesauce oder kalt zur Nachmittagsjause.

Würztipp

Exotisch schmeckt folgende Kombination: getrocknete Marillen oder Feigen als Trockenfrüchte, dazu ¼ Msp. Kardamom, ¼ Msp. Kurkuma, 1 Prise Koriander, 1 Prise Kreuzkümmel, 1 Prise Pfeffer, 1 Prise Safran, 2 Msp. gemahlene Vanilleschote, ½ TL Zimt

Süße Brot-Mohn-Muffins mit Safran und Pinienkernen

- vegetarisch
- milchfrei bei Verwendung von Öl statt Butter

Kcal: 1412.37, Eiweiß (g): 48.16, Fett (g): 55.06, KH (g): 179.75, BE: 14.98

ZUTATEN

Für ca. 12 Muffins (je nach gewählter Größe). Die Menge kann beliebig reduziert oder vervielfacht werden.

Teig

Schale 1 Biozitrone
30 g weiche oder geschmolzene Butter, ersatzweise Öl
30 g flüssiger Honig, ersatzweise Zucker
1 Ei, beliebige Größe
250 g Weizenvollkornmehl, ersatzweise Dinkel-, Emmer-, Einkorn- oder Kamut-Vollkornmehl
20 g Mohn, ganze Körner oder gemahlen
20 g Pinienkerne, ersatzweise Mandelstifte
1 kräftige Prise Salz (1–2 g)
ev. 1–2 Msp. Safran
⅓ Würfel frische Hefe (ca. 14 g)
lauwarmes Wasser

zum Ausfertigen

Wasser und eventuell beliebige weitere Zutaten zum Bestreichen und Bestreuen

ZUBEREITUNG

1 Die Zutaten – mit Ausnahme der Hefe und des Wassers – der Reihe nach in eine Schüssel füllen und alles mit einer Gabel verrühren.

2 Am Schüsselrand eine Grube eindrücken und die Hefe im Ganzen hineinsetzen. Eine halbe kleine Tasse lauwarmes Wasser darüber gießen und die Hefe mithilfe der Gabel immer wieder gegen die Schüsselwand drücken, bis sie sich aufgelöst hat.

3 Sobald die Hefe flüssig ist, können Sie alle Zutaten mit der Gabel vermengen. So viel Wasser untermischen, dass ein Teig entsteht, der so wenig wie möglich klebt. Der Teig soll so geschmeidig-weich wie ein Ohrläppchen sein.

4 Den Teig mit einem Geschirrtuch abdecken und in der Zwischenzeit die Muffinformen einfetten und evtl. mit Paniermehl (Brösel) ausstreuen.

5 Aus dem Teig gleich große Teighäufchen ausstechen, zu Kugeln formen und in die Muffinform setzen.

6 Die Muffins für 15 bis 30 Minuten auf die unterste Einschubleiste in den kalten bis maximal lauwarmen Backofen stellen. Die Muffins im Ofen lassen und diesen auf 170 °C Heißluft oder 190 °C Unter/Oberhitze einstellen. Die Muffins sind fertig gebacken, wenn Sie eine schöne Farbe annehmen und beim Einstechen mit einem Spieß kein Teig mehr am Spieß kleben bleibt. Backdauer ca. 20 bis 30 Minuten.

Backpulver-teig

Back-Know-how

GRUNDZUTATEN

Mehl, Wasser, Gewürze, Weinsteinbackpulver

Zur Verfeinerung können noch weitere Zutaten hinzugefügt werden. Zum Beispiel **Milchprodukte** (Joghurt, Buttermilch, Sauermilch, Acidophilusmilch, Quark/Topfen, Käse …), **Nüsse** (Hasel-, Erd-, Macadamia-, Pecannüsse …), **Saaten** (Leinsamen, Kürbiskerne, Sonnenblumenkerne, Sesam, Mohn …), **Trockenfrüchte etc.**

WISSENSWERTES ÜBER BACKPULVER

Warum Weinsteinbackpulver?

Weinsteinbackpulver enthält keinen zugesetzten Phosphor. Ein Zuviel an Phosphor kann sich ungünstig auf die Knochen auswirken.

Lagerung von Backpulver

Backpulver am besten trocken und luftdicht lagern, sonst bilden sich Klümpchen. Geöffnete Packungen in eine luftdichte Dose oder in ein Schraubverschlussglas geben. Bei Klümpchenbildung das Backpulver durch ein Sieb streichen.

Dosierung

Als Faustregel gilt: Je mehr Backpulver, desto lockerer wird das Gebäck. Wenn man jedoch mehr als die angeführten Mengen an Backpulver in den Teig mischt, schmeckt das Backpulver unangenehm vor. Weinsteinbackpulver genauso wie herkömmliches Backpulver dosieren.

Herkömmliche Brotteige
(nur Mehl, trockene Zutaten, Backpulver, Wasser und Gewürze)

1 Pkg. Backpulver à ca. 18 bis 20 g auf ein halbes Kilo Mehl

»Schwere« Teige
(Teige mit Eiern, Milchprodukten, fettreichen Zutaten)

1 bis bis 1 ½ Packungen Backpulver à 18 bis 20 g auf ein halbes Kilo Mehl

So geht der Backpulverteig am besten auf

Das Backpulver **immer mit den trockenen Zutaten,** am besten mit dem Mehl, **vermischen,** sonst lässt es sich nicht gleichmäßig verteilen und weist eine schlechtere Triebwirkung auf. Zuerst die feuchten, dann die trockenen Zutaten in die Schüssel füllen, in der Mitte der trockenen Zutaten ein löffelgroßes Grübchen eindrücken und das Backpulver hineinstreuen. Kurz vor dem Zusammenrühren des Teiges mithilfe einer Gabel zuerst das Backpulver mit dem Mehl bzw. den trockenen Zutaten und erst dann mit dem Rest vermischen.

Das Gebäck so schnell wie möglich in den vorgeheizten Ofen schieben, die Triebwirkung von Backpulver hält bei fettarmen Teigen nur wenige Minuten an.

DIE IDEALE TEIGKONSISTENZ

Für schlampige Häufchen

Wenn aus dem Teig schlampige Häufchen geformt werden, soll der Teig so fest sein, dass er sich gerade noch vermengen lässt. Ist der Teig zu weich, ergibt das labbrige, flache Brötchen. Falls der Teig zu weich geraten ist, noch Mehl untermengen. Ist der Teig zu bröselig, geben Sie noch ein paar Tropfen Wasser dazu, bis der Teig bindet.

Fazit

Solange das Backpulver noch im Mehlgrübchen ruht, können Sie sich Zeit lassen, sobald es aber mit den feuchten Zutaten in Verbindung kommt (beim Zusammenrühren des Teiges), sollten Sie so schnell wie möglich arbeiten,um die Triebwirkung des Backpulvers voll auszunutzen.

Für geformtes Gebäck

Die Teigkonsistenz sollte eine Spur weicher als oben beschrieben sein. Es genügen meistens ca. 3 Esslöffel voll Wasser (ca. 20 g) zusätzlich, um die perfekte Konsistenz zum Formen zu erreichen. Erwischt man zu viel Wasser, ergibt es labbrige Fladen.

GEBÄCK FORMEN

Variante 1 – schlampige Häufchen

Vorteil: Die Brötchen werden besonders knusprig
Nachteil: Sie sind optisch nicht perfekt und werden nicht so schön braun

Setzen Sie mit einem Löffel oder der Teigkarte schlampige Häufchen auf das Blech. Anschließend eventuell beliebig bestreuen.

Variante 2 – geformtes Gebäck

Vorteil: Die Brötchen sind optisch schön und können gut bestrichen werden
Nachteil: Die Brötchen werden nicht so knusprig wie bei Variante 1

Mit einem Löffel oder der Teigkarte Häufchen auf das Blech setzen. Wenn der Teig aufgebraucht ist, ihn so rasch wie möglich mit nassen Händen zu Kugeln formen. Diese beliebig bestreichen und bestreuen.

BESTREICHEN UND BESTREUEN

Backpulverbrötchen können, müssen aber nicht bestrichen und bestreut werden.

Welche Zutaten sich zum Bestreichen und Bestreuen eignen, finden Sie auf Seite 27.

KEINE ZEIT ZUM RASTEN!

Backpulverteig darf nicht rasten, er muss sofort in den Ofen geschoben werden, sonst geht das Gebäck nicht mehr auf und wird hart oder speckig. Also vorher alles vorbereiten und erst ganz zum Schluss den Teig zusammenrühren.

AB IN DEN OFEN: TIPPS UND TRICKS ZUM BACKEN

Backpulverbrötchen immer in den ausreichend vorgeheizten Backofen schieben, sonst gehen sie nicht so schön auf. Schalten Sie daher den Backofen immer bereits vor der Teigbereitung ein.

Ideale Backtemperatur: 180 °C Heißluft oder 200 °C Unter/Oberhitze

Einschubleiste: erste oder zweite von unten

Wasserschale in den Ofen? Nein, Backpulverteige werden sonst labbrig.

Backdauer: Üblicherweise genügen 20 bis 30 Minuten. Je größer die Brötchen, desto länger dauert es.

Backen im Dampfgarer: Backpulverbrötchen eignen sich nicht zum Backen im Dampfgarer.

Garprobe

Brötchen: Wenn im Rezept nichts anderes angegeben ist, klopfen Sie auf die Unterseite der Brötchen, klingt es hohl, sind die Brötchen fertig gebacken.

Großer Brotlaib: Sie können auch aus Backpulverteig einen großen Brotlaib formen, aber das Brot wird nicht so knusprig und schmeckt auch nur am ersten Tag gut (Garprobe wie bei Brötchen).

SO BLEIBT ALLES LÄNGER FRISCH

Die Brötchen sofort nach dem Backen vom Blech nehmen und auf einem Backofengitter auskühlen lassen. So kann die Feuchtigkeit entweichen und die Brötchen bleiben knusprig.

Backpulverbrötchen schmecken frisch aus dem Ofen am besten. Übrig gebliebene Brötchen mit Wasser bestreichen und im Ofen bei 180 °C Heißluft bzw. 200 °C Unter/Oberhitze aufbacken. Backpulverbrötchen können tiefgekühlt werden, backen Sie sie aber vor dem Genuss auf, bei bloßem Auftauen schmecken sie labbrig.

Backpulverteig
neutral

Backpulverbrötchen

- vegan
- vegetarisch
- eifrei, wenn ohne Ei bestrichen
- milchfrei, wenn ohne Milch bestrichen

Kcal: 796.45, Eiweiß (g): 29.37, Fett (g): 5.00, KH (g): 155.83, BE: 12.98

ZUTATEN

Für 5 bis 6 Brötchen. Die Menge kann beliebig reduziert oder vervielfacht werden.

Teig

250 g Weizenvollkornmehl, ersatzweise Dinkel-, Emmer-, Einkorn- oder Kamut-Vollkornmehl
½ Pkg. Weinsteinbackpulver (ca. 9 g)
ca. 4–5 g Salz
beliebige Gewürze
180 g kaltes Wasser für schlampige Häufchen, 200 g kaltes Wasser für runde Brötchen

zum Ausfertigen

eventuell beliebige Zutaten zum Bestreichen und Bestreuen

ZUBEREITUNG

1 Ein Backblech mit Backpapier auskleiden. Den Backofen auf 180 °C Heißluft oder 200 °C Unter/Oberhitze vorheizen. Wenn das Brot mit einer Zutat bestrichen oder bestreut werden soll, diese vorbereiten.

2 Für den Teig die Zutaten der Reihe nach in eine Schüssel füllen. Zum Schluss ein Grübchen in die trockenen Zutaten drücken und das Backpulver hineingeben. Zunächst nur die trockenen Zutaten und das Backpulver mithilfe einer Gabel verrühren, anschließend alle Zutaten vermengen. Der Teig soll so fest sein, dass er sich gerade noch vermengen lässt. Ist der Teig zu weich, noch Mehl untermischen, ist er zu bröselig, noch ein paar Tropfen Wasser, bis der Teig bindet.

3 Entweder mit einem Löffel schlampige Häufchen auf das Blech setzen oder mit der nassen Hand Kugeln formen, die anschließend beliebig bestrichen und bestreut werden können.

4 Das Gebäck auf die unterste Einschubleiste schieben und 20 bis 30 Minuten backen. Die Brötchen sind fertig, wenn sie beim Klopfen auf die Unterseite hohl klingen.

5 Auf einem Gitter auskühlen lassen. Die Brötchen schmecken frisch aus dem Ofen am besten.

Mehrkorn-Backpulverbrötchen

- vegan
- vegetarisch
- eifrei, wenn ohne Ei bestrichen
- milchfrei, wenn ohne Milch bestrichen

Kcal: 777.45, Eiweiß (g): 26.64, Fett (g): 4.70, KH (g): 154.56, BE: 12.87

ZUTATEN

Für 4 bis 6 Brötchen. Die Menge kann beliebig reduziert oder vervielfacht werden.

Teig

150 g Weizenvollkornmehl, ersatzweise Dinkel-, Emmer-, Einkorn- oder Kamut-Vollkornmehl
100 g beliebiges Getreide-Vollkornmehl, zum Beispiel Roggen
½ Pkg. Weinsteinbackpulver (ca. 9 g)
ca. 4–5 g Salz
beliebige Gewürze
180 g kaltes Wasser für schlampige Häufchen; 200 g kaltes Wasser für runde Brötchen

zum Ausfertigen

eventuell beliebige Zutaten zum Bestreichen und Bestreuen

ZUBEREITUNG

1 Ein Backblech mit Backpapier auskleiden. Den Backofen auf 180 °C Heißluft oder 200 °C Unter/Oberhitze vorheizen. Wenn das Brot mit einer Zutat bestrichen oder bestreut werden soll, diese vorbereiten.

2 Für den Teig die Zutaten der Reihe nach in eine Schüssel füllen. Zum Schluss ein Grübchen in die trockenen Zutaten drücken und das Backpulver hineingeben. Zunächst nur die trockenen Zutaten und das Backpulver mithilfe einer Gabel verrühren, anschließend alle Zutaten vermengen. Der Teig soll so fest sein, dass er sich gerade noch vermengen lässt. Ist der Teig zu weich, noch Mehl untermischen, ist er zu bröselig, noch ein paar Tropfen Wasser, bis der Teig bindet.

3 Entweder mit einem Löffel schlampige Häufchen auf das Blech setzen oder mit der nassen Hand Kugeln formen, die anschließend beliebig bestrichen und bestreut werden können.

4 Das Gebäck auf die unterste Einschubleiste schieben und 20 bis 30 Minuten backen. Die Brötchen sind fertig, wenn sie beim Klopfen auf die Unterseite hohl klingen.

5 Auf einem Gitter auskühlen lassen. Die Brötchen schmecken frisch aus dem Ofen am besten.

Saatenbrötchen

- vegan
- vegetarisch
- eifrei, wenn ohne Ei bestrichen
- milchfrei, wenn ohne Milch bestrichen

Kcal: 1135.05, Eiweiß (g): 42.29, Fett (g): 34.00, KH (g): 163.18, BE: 13.60

ZUTATEN

Für 5 bis 7 Brötchen. Die Menge kann beliebig reduziert oder vervielfacht werden.

Teig

250 g Weizenvollkornmehl, ersatzweise Dinkel-, Emmer-, Einkorn- oder Kamut-Vollkornmehl
60 g beliebige Saaten, ganz oder gehackt, zum Beispiel Sonnenblumenkerne, Sesam, Kürbiskern
½ Pkg. Weinsteinbackpulver (ca. 9 g)
ca. 4–5 g Salz
beliebige Gewürze
180 g kaltes Wasser für schlampige Häufchen, 200 g kaltes Wasser für runde Brötchen

zum Ausfertigen

eventuell beliebige Zutaten zum Bestreichen und Bestreuen

ZUBEREITUNG

1 Ein Backblech mit Backpapier auskleiden. Den Backofen auf 180 °C Heißluft oder 200 °C Unter/Oberhitze vorheizen. Wenn das Brot mit einer Zutat bestrichen oder bestreut werden soll, diese vorbereiten.

2 Für den Teig die Zutaten der Reihe nach in eine Schüssel füllen. Zum Schluss ein Grübchen in die trockenen Zutaten drücken und das Backpulver hineingeben. Zunächst nur die trockenen Zutaten und das Backpulver mithilfe einer Gabel verrühren, anschließend alle Zutaten vermengen. Der Teig soll so fest sein, dass er sich gerade noch vermengen lässt. Ist der Teig zu weich, noch Mehl untermischen, ist er zu bröselig, noch ein paar Tropfen Wasser, bis der Teig bindet.

3 Entweder mit einem Löffel schlampige Häufchen auf das Blech setzen oder mit der nassen Hand Kugeln formen, die anschließend beliebig bestrichen und bestreut werden können.

4 Das Gebäck auf die unterste Einschubleiste schieben und 20 bis 30 Minuten backen. Die Brötchen sind fertig, wenn sie beim Klopfen auf die Unterseite hohl klingen.

5 Auf einem Gitter auskühlen lassen. Die Brötchen schmecken frisch aus dem Ofen am besten.

Polenta-Brot-Muffins

vegetarisch

Kcal: 870.35, Eiweiß (g): 31.99, Fett (g): 27.06, KH (g): 122.83, BE: 10.32

ZUTATEN

Für ca. 6 Muffins. Die Menge kann beliebig reduziert oder vervielfacht werden.

Teig

120 g Naturjoghurt
100 g Milch
10 g beliebiges Öl
1 Ei (Größe M oder L)
120 g Weizenvollkornmehl, ersatzweise Dinkel-, Emmer-, Einkorn- oder Kamut-Vollkornmehl
50 g feinkörnige Polenta (feinkörniger Maisgrieß, ersatzweise Maismehl)
ca. 4 g Salz
½ Pkg. Weinsteinbackpulver (ca. 9 g)

ZUBEREITUNG

1 Das Backrohr auf 180 °C Heißluft oder 200 °C Unter/Oberhitze vorheizen. Muffinformen oder Kaffeetassen ausfetten und bemehlen.

2 Alle Zutaten der Reihe nach in eine Schüssel geben. Zum Schluss ein Grübchen in die trockenen Zutaten drücken und das Backpulver hineingeben. Zuerst die trockenen Zutaten mithilfe einer Gabel mit dem Backpulver verrühren, danach alle Zutaten miteinander vermengen. Es entsteht ein flüssiger Teig.

3 Die Förmchen zu zwei Drittel mit dem Teig füllen und ca. 30 Minuten backen. Die Muffins sind fertig, wenn beim Hineinstechen mit einem Spieß kein Teig mehr am Spieß kleben bleibt.

ZUSÄTZLICHE TEIGZUTATEN FÜR EINE PIKANTE VARIANTE

1 kleine Karotte, fein geraspelt, den Saft nicht ausdrücken (ca. 50 g)
50 g von einem beliebigen Käse, gerieben oder gewürfelt
ca. ½ TL beliebige Gewürze (Paprikapulver, Thymian, Petersilie, Schnittlauch, Kerbel, Rosmarin …)
ev. bis zu 30 g geröstete Zwiebeln, Oliven, Paprikawürfel oder gegarte Hülsenfrüchte

Zuerst diese Zutaten in die Schüssel geben, dann den Rest und wie oben beschrieben weiter verfahren.

Tipp

Die Muffins können am Vortag gebacken werden. Sie schmecken am nächsten Tag noch besser.

Feigen-Camembert-Brötchen

Backpulverteig
pikant

vegetarisch

eifrei, wenn ohne Ei bestrichen

Kcal: 992.05, Eiweiß (g): 43.53, Fett (g): 17.50, KH (g): 162.41, BE: 13.53

ZUTATEN

Für 5 bis 7 Brötchen. Die Menge kann beliebig reduziert oder vervielfacht werden.

Teig

50 g weicher Camembert, mit der Gabel zerdrückt oder in kleine Stücke geschnitten
ca. 20 g Feigen, in kleine Stücke geschnitten; ersatzweise getrocknete Aprikosen (Marillen) oder beliebige andere Trockenfrüchte
100 g Buttermilch, ersatzweise Sauermilch oder Acidophilusmilch
ca. 80 g Wasser
250 g Weizenvollkornmehl, ersatzweise Dinkel-, Emmer-, Einkorn- oder Kamut-Vollkornmehl
½ Pkg. Weinsteinbackpulver (ca. 9 g)
ca. 4 g Kräutersalz
ca. 1 Msp. Rosmarin oder beliebige andere Kräuter
180 g kaltes Wasser für schlampige Häufchen, 200 g kaltes Wasser für runde Brötchen

zum Ausfertigen

eventuell beliebige Zutaten zum Bestreichen und Bestreuen

ZUBEREITUNG

1 Ein Backblech mit Backpapier auskleiden. Den Backofen auf 180 °C Heißluft oder 200 °C Unter/Oberhitze vorheizen. Wenn das Brot mit einer Zutat bestrichen oder bestreut werden soll, diese vorbereiten.

2 Für den Teig die Zutaten der Reihe nach in eine Schüssel füllen. Zum Schluss ein Grübchen in die trockenen Zutaten drücken und das Backpulver hineingeben. Zunächst nur die trockenen Zutaten und das Backpulver mithilfe einer Gabel verrühren, anschließend alle Zutaten vermengen. Der Teig soll so fest sein, dass er sich gerade noch vermengen lässt. Ist der Teig zu weich, noch Mehl untermischen, ist er zu bröselig, noch ein paar Tropfen Wasser, bis der Teig bindet.

3 Entweder mit einem Löffel schlampige Häufchen auf das Blech setzen oder mit der nassen Hand Kugeln formen, die anschließend beliebig bestrichen und bestreut werden können.

4 Das Gebäck auf die unterste Einschubleiste schieben und 20 bis 30 Minuten backen. Die Brötchen sind fertig, wenn sie beim Klopfen auf die Unterseite hohl klingen.

5 Auf einem Gitter auskühlen lassen. Die Brötchen schmecken frisch aus dem Ofen am besten.

Backpulverteig

süß

Marillen-Kokos-Brötchen

- vegan
- vegetarisch
- eifrei, wenn ohne Ei bestrichen
- milchfrei, wenn ohne Milch bestrichen

Kcal: 1018.05, Eiweiß (g): 32.74, Fett (g): 17.89, KH (g): 177.29, BE: 14.77

ZUTATEN

Für 5 bis 7 Brötchen. Die Menge kann beliebig reduziert oder vervielfacht werden.

Teig

40 g getrocknete Marillen, klein gehackt (am besten über Nacht in Rum einweichen), ersatzweise andere Trockenfrüchte
20 g Kokosflocken
250 g Weizenvollkornmehl, ersatzweise Dinkel-, Emmer-, Einkorn- oder Kamut-Vollkornmehl
½ Pkg. Weinsteinbackpulver (ca. 9 g)
ca. 1–2 g Salz
Zimt, Vanille, Bio-Zitronenschale oder beliebige andere Gewürze
180 g kaltes Wasser für schlampige Häufchen, 200 g kaltes Wasser für runde Brötchen

zum Ausfertigen

eventuell beliebige Zutaten zum Bestreichen und Bestreuen

ZUBEREITUNG

1 Ein Backblech mit Backpapier auskleiden. Den Backofen auf 180 °C Heißluft oder 200 °C Unter/Oberhitze vorheizen. Wenn das Brot mit einer Zutat bestrichen oder bestreut werden soll, diese vorbereiten.

2 Für den Teig die Zutaten der Reihe nach in eine Schüssel füllen. Zum Schluss ein Grübchen in die trockenen Zutaten drücken und das Backpulver hineingeben. Zunächst nur die trockenen Zutaten und das Backpulver mithilfe einer Gabel verrühren, anschließend alle Zutaten vermengen. Der Teig soll so fest sein, dass er sich gerade noch vermengen lässt. Ist der Teig zu weich, noch Mehl untermischen, ist er zu bröselig, noch ein paar Tropfen Wasser, bis der Teig bindet.

3 Entweder mit einem Löffel schlampige Häufchen auf das Blech setzen oder mit der nassen Hand Kugeln formen, die anschließend beliebig bestrichen und bestreut werden können.

4 Das Gebäck auf die unterste Einschubleiste schieben und 20 bis 30 Minuten backen. Die Brötchen sind fertig, wenn sie beim Klopfen auf die Unterseite hohl klingen.

5 Auf einem Gitter auskühlen lassen. Die Brötchen schmecken frisch aus dem Ofen am besten.

Anhang

Resteverwertung für Altbrot

Resteverwertung liegt mir sehr am Herzen. Während andernorts Menschen um das nackte Überleben kämpfen, kippen wir jeden dritten Einkauf und jedes fünfte Brot in den Abfall. Bereits mit dem Anbau von Brotgetreide beginnt der Teufelskreis. Um billiges Brot herstellen zu können, muss auch das Getreide auf das Billigste produziert werden. Im Produktionsbereich geht die Ausbeutung weiter. Billig vom Anfang bis zum Ende. Das muss nicht sein: Altes Brot lässt sich vielfältig verwenden.

Wenn es noch nicht ganz hart ist, dann tauchen Sie das Brot in Wasser. Setzen Sie es nach dem Tauchbad auf ein Backblech und backen Sie das Brot im Ofen wieder auf. Backen Sie es einfach so, wie Sie auch frisches Brot backen würden, nur verkürzt sich die Backzeit.

Hart gewordenes Brot eignet sich wunderbar zum Reiben für **Paniermehl (Brösel)** oder als **Knödelbrot.** Dazu einfach das altbackene oder hart gewordene Brot mit heißer Milch oder heißem Wasser übergießen und so lange ziehen lassen, bis es weich wird. In Stücke zupfen und beliebig weiterverwenden.

Auch als **Brezensuppe** schmeckt altes Brot vorzüglich. Dazu das alte Brot schichtweise mit Käse und Röstzwiebeln in eine Suppenschüssel geben und mit kochend heißer Suppe übergießen. Oben drüber ein Schuss braune Butter und viel Schnittlauch.

Für die klassische **Brotsuppe** eignet sich Altbrot natürlich auch, genauso wie für **Scheiterhaufen,** ein Auflauf aus Brot und gehobelten Äpfeln, der mit Eiermilch übergossen wird.

Altes Brot lässt sich auch wieder **in einen neuen Brotteig mischen.** Rund 10 Prozent des Mehls können durch Altbrotbrösel ersetzt werden.

Nahrungsmittelunverträglichkeiten und Diabetes mellitus

Viele der Rezepte können glutenfrei, milchfrei, eifrei, laktosefrei oder vegan zubereitet werden. Die abgewandelten Gerichte kommen zwar nicht zu 100 Prozent an das Original heran, schmecken aber trotzdem sehr gut.

TIPPS FÜR DIE GLUTENFREIE ZUBEREITUNG

Ersetzen Sie die glutenhältigen Zutaten eins zu eins durch die glutenfreie Alternative. Beachten Sie, dass glutenfreies Mehl den Teig klebriger werden lässt. Rühren Sie den Teig nicht zu lange und vorzugsweise mit einer Gabel. **1 bis 2 Esslöffel Rapsöl oder hochwertige Butter** machen den Teig geschmeidiger.

Verwenden Sie für glutenfreie Teige **rund 50 Prozent mehr Hefe,** dann wird das Gebäck lockerer.

Glutenfreie Brote formen Sie am besten mit einer **nassen Teigkarte.**

Wenn Sie glutenfreie Brote in einer Backform backen, **stechen Sie das Brot mit einem Spieß mehrmals bis zum Boden ein.**

Glutenfreies Brot trocknet relativ rasch aus. Um dem entgegenzuwirken, mischen Sie **pro halbem Kilo Mehl einen Esslöffel Apfelfaser oder Flohsamenschalen** (in der Apotheke erhältlich) unter das Mehl.

Frieren Sie das Gebäck nach dem Auskühlen gut verpackt ein. Die Brötchen vor dem Verzehr im Toaster oder im Backofen aufbacken, vorher kurz unter den Wasserhahn halten oder mit Wasser bestreichen.

Achten Sie beim Kauf von Backpulver auf glutenfreies Backpulver und bei von Haus aus glutenfreien Zutaten, zum Beispiel Nüssen oder Hülsenfrüchten, darauf, dass diese keine Spuren von Gluten enthalten. Ein glutenfreies Produkt kann zum Beispiel im Zuge der Abfüllung mit Gluten kontaminiert werden. Informationen dazu finden Sie auf der Verpackung und beim Hersteller.

glutenhältiges Produkt	Ersatzprodukt
glutenhältiges Getreide	Mischung aus selbst gemischten glutenfreien Mehlen (z. B. aus Hirse, Buchweizen, Reis und Mais) oder eine fertige glutenfreie dunkle Mehlmischung
Paniermehl (Brösel)	Glutenfreies Brot trocknen und reiben oder fertiges glutenfreies Paniermehl verwenden
Haferflocken	Glutenfreie Haferflocken: Diese unterscheiden sich von herkömmlichen Haferflocken durch einen von Natur aus niedrigeren Glutengehalt.
Brot	glutenfreies Brot

Mein Tipp

Registrieren Sie sich bei einer der Arbeitsgemeinschaften für Zöliakie. Hier erhalten Sie für einen geringen Mitgliedsbeitrag umfangreiche Informationen rund um das Thema glutenfreie Lebensmittel und Zöliakie.

Kontakt:
www.zoeliakie.or.at für Österreich
www.dzg-online.de für Deutschland
www.aicbz.org für Südtirol
www.zoeliakie.ch für die Schweiz

Achtung!

Eine milchfreie Ernährung stellt immer ein potenzielles Risiko für eine Kalziumunterversorgung dar. Lassen Sie sich am besten von einem Diaetologen beraten, damit bei Ihnen keine Mangelerscheinungen auftreten können.

Milchprodukt	Ersatzprodukt
Käse	Tofu oder den Käse einfach weglassen.
Butter	Wenn die Butter für die Konsistenz wichtig ist (z. B. bei Quark- und Kartoffelteig), milchfreie Margarine verwenden, sonst Öl.
Kuhmilch	Wasser, Kokosmilch oder selbst gemachte pflanzliche Milchen, zum Beispiel Hafermilch, Gerstenmilch etc.
Joghurt, Buttermilch, saure Sahne (Sauerrahm)	Wasser oder Kokosmilch
Quark (Topfen)	Tofu mit so viel Wasser pürieren, dass eine Paste in der Konsistenz von Topfen entsteht.

TIPPS FÜR DIE MILCHFREIE ZUBEREITUNG

Die Bezeichnung »Milch« bezieht sich in diesem Buch auf Milch und Produkte aus tierischer Milch, zum Beispiel Kuh-, Ziegen- oder Schafmilchprodukte.

Vegane Ersatzprodukte enthalten oft ein Sammelsurium aus Zusatzstoffen und weit gereisten Zutaten. Dazu kommen nicht selten undurchsichtige Produktionsbedingungen. Studieren Sie die Zutatenliste genau und fragen Sie im Zweifelsfall bei einem Diaetologen oder Ernährungswissenschaftler nach der gesundheitlichen Wirkung der Zutaten.

eihaltiges Gericht	Ersatzprodukt
Ei zum Bestreichen	Weglassen oder mit Milch oder Kaffee bestreichen
Teig mit Backpulver	Pro weggelassenem Ei 5 g Backpulver zusätzlich unter das Mehl mischen. Pro ersetztem Ei ca. 30 bis 40 g Wasser untermischen.
Hefeteig	Ei überhaupt weglassen und Wasser nach Bedarf dazugeben (ca. 30 bis 50 g pro ersetztem Ei).

TIPPS FÜR DIE LAKTOSEFREIE ZUBEREITUNG

Laktosefreie Ernährung ist derzeit »in«. Viele verzichten auch vorsorglich auf Laktose, im Glauben, sich damit etwas Gutes zu tun. Das Gegenteil ist der Fall: Wer keine Laktose zu sich nimmt, verliert auch die Fähigkeit, diese zu spalten. Bei laktosefreien Produkten handelt es sich um herkömmliche Milchprodukte, denen das Verdauungsenzym Laktose zugesetzt wurde. Verwenden Sie diese Milchprodukte nur dann, wenn bei Ihnen eine entsprechende Diagnose gestellt wurde. Wenn Sie trotzdem auf Laktose verzichten müssen oder wollen, ersetzen Sie folgende laktosehältige Produkte eins zu eins durch die als laktosefrei gekennzeichnete Variante.

ERSATZZUTATEN FÜR DIE EIFREIE ZUBEREITUNG

Ein Ei dient meist der Bindung und Lockerung, sorgt beim Brot aber auch für eine schöne Kruste. Eifrei zubereitete Produkte kommen nie ganz an das Original heran. Für die Rezepte in diesem Buch können Sie oben genannte Ersatzprodukte verwenden.

ERSATZZUTATEN FÜR DIE VEGANE ZUBEREITUNG

tierisches Produkt	Ersatzprodukt
Honig	Zucker, süße Früchte, Marmelade, Birnendicksaft, Melasse, Ahornsirup, Agavendicksaft, pürierte Datteln, überreife Bananen etc.
Ei	Siehe »eifreie Zubereitung«, Seite 164
Milch und Milchprodukte	Siehe »milchfreie Zubereitung«, Seite 164
Speck und Wurst	Es gibt keinen adäquaten Ersatz, der auch gesund ist. Vegane Wurst empfehle ich aufgrund der Zutaten nicht.

TIPPS UND HINWEISE FÜR DIABETIKER

Aufgrund der Zusammenstellung eignen sich die meisten Rezepte in diesem Buch von Haus aus für Diabetiker. Den Zucker können Sie bei einigen Rezepten gegebenenfalls durch Süßstoff ersetzen.

Achtung: Es handelt sich bei den Nährwertdaten bei den Rezepten um berechnete Werte. Die tatsächlichen Werte können aufgrund von unterschiedlichem Anbau, Flüssigkeitsgehalt etc. davon abweichen. Falls Sie insulinpflichtiger Diabetiker sind, berechnen Sie die Kohlenhydratmenge wie gewohnt oder verwenden Sie Ihre bisherige BE(KHE)-Tabelle als Berechnungsgrundlage. Die bei den Rezepten angegebenen Nährwerte können nur Richtwerte darstellen!

NÄHRWERTANGABEN

Es handelt sich bei den Nährwertdaten um berechnete Werte (Berechnung: Nährwert-Datenbanken BLS, GU, SFK und Herstellerangaben, berechnet mit Diät 2000, Version 5.0, S&H). Die tatsächlichen Werte können abweichen. Zur Berechnung der Milchprodukte wurden vollfette Milchprodukte herangezogen. Lebensmittel mit der Bezeichnung »eventuell« und Lebensmittel, die zum Ausfertigen verwendet werden, wurden nicht mitberechnet. Sind im Rezept mehrere Möglichkeiten angegeben, fließt die erstgenannte Zutat in die Berechnung ein.

Alphabetisches Rezeptverzeichnis

ANGELIKA KIRCHMAIER

Jahrgang 1972, ist Diaetologin, Gesundheitswissenschaftlerin, ausgebildete Köchin, Touristikkauffrau und AutorIn zahlreicher Bestseller zur gesunden Ernährung. Sie betreibt eine ernährungstherapeutische Praxis und gibt ihr Wissen an Fachhochschulen, in namhaften privaten und öffentlichen Institutionen und bei diversen öffentlichen Auftritten weiter.
Seit über 15 Jahren präsentiert sie auf ORF Radio-Tirol wöchentlich Ernährungs- und Kochtipps. Sie gilt als Vorreiterin der gesunden Ernährung im Alltag und zählt zu den bekanntesten DiaetologInnen Österreichs. Ihre Freizeit verbringt Angelika Kirchmaier am liebsten mit ihrem Mann und ihren Kindern in den Tiroler Bergen.

www.angelika-kirchmaier.at

Alle Angaben in diesem Buch wurden sorgfältig recherchiert und erfolgen nach bestem Wissen und Gewissen der Autorin. Sollten Sie trotzdem Unstimmigkeiten entdecken, nehmen Autorin und Verlag gerne Verbesserungsvorschläge und Korrekturhinweise entgegen. Die Benutzung dieses Buches geschieht auf eigenes Risiko. Eine Haftung für etwaige Schäden wird aus keinem Rechtsgrund übernommen.

STYRIA
BUCHVERLAGE

Wien – Graz – Klagenfurt

ISBN 978-3-7088-0714-0

Bücher aus der Verlagsgruppe Styria gibt es
in jeder Buchhandlung und im Online-Shop
www.styriabooks.at

Fotos: Thomas Trinkl, Foodstyling: Narelle Trinkl
Covergestaltung: Emanuel Mauthe
Buchgestaltung: extraplan.at / Stefanie Muther
Lektorat: Elisabeth Wagner

Druck und Bindung: DZS Grafik d.o.o., Ljubljana
Printed in the EU
7 6 5 4 3 2 1